Renate Maaßen

Katharina von Siena

Patronin der Päpste

AF569691

Renate Maaßen

Katharina von Siena Patronin der Päpste

Bernardus-Verlag 2011

Impressum

© 2011

Bernardus-Verlag
Alle Rechte vorbehalten
Gesetzt in der Palatino
Gestaltung: Druck & Verlagshaus Mainz GmbH

Bernardus-Verlag

Büro: Abtei Mariawalt
52396 Heimbach/Eifel

Tel.: 0 24 46 / 95 06 15
Fax: 0 24 46 / 95 06 15

Zentrale:

Bernardus-Verlag in der Verlagsgruppe Mainz
Süsterfeldstraße 83
52072 Aachen

Internet: http://www.verlag-mainz.de
E-Mail: bernardus@verlag-mainz.de

Fotonachweise:

Vorderer Umschlagsseite von oben nach unten: Giorgio Vasari (30.07.1511-27.06.1574), *Papst Gregor XI. wird von der Heiligen Katharina von Siena 1377 zurück nach Rom begleitet*, Sala Regia im Apostolischen Palast, Rom, http://de.wikipedia.org/wiki/Gregor_XI.; *Blick auf Avignon von der Ile de la Barthelasse*, 17. September 2009, Ingo Mehling, http://commons.wikimedia.org

Hintere Umschlagsseite von o. links im Uhrzeigersinn: *Der Papstpalast in Avignon* (Hauptfassade), 2006, Jean-Marc Rosier, http://commons.wikimedia.org; Statue *Caterina von Siena*, Rom, Verfasserin; Benvenuto de Giovanni , *Gregor XI. zu Pferd* (XV. Jhd.), http://commons.wikimedia.org; *Katharina von Siena*, Fresco in der Kirche von S. Dominico, Siena, etwa 1400(1400), Andrea Vanni, http://de.wikipedia.org

Druck und Herstellung:

Druck & Verlagshaus Mainz GmbH
Süsterfeldstraße 83
52072 Aachen

ISBN-10: 3-8107-0118-1
ISBN-13: 978-3-8107-0118-3

Inhalt

Du bist Petrus
und auf diesen Felsen
werde ich
meine Kirche bauen;

und
die Mächte der Unterwelt
werden sie
nicht überwinden.

(Mt 16, 18)

Einleitung

„Novus de virgine forti – Neugeworden durch die starke Jungfrau.“ Das ist der Beiname, den die Geschichte Papst Gregor XI. gegeben und ihn dann doch wieder vergessen hat. Wer sind die beiden Personen, die sich hinter dieser mittelalterlichen Aussage verbergen?

Caterina von Siena (in diesem Buch wird die italienische Schreibweise des Namens verwendet) gehört zu den großen Heiligen des Mittelalters. Neben Teresa von Avila wurde sie am 4. Oktober 1970 zur Kirchenlehrerin erhoben, und seit dem 15. Oktober 1999 ist sie die Patronin Europas. Höchste Zeit also, uns mit ihr näher zu befassen. Was aber hat sie eigentlich getan, um so bedeutend in die Kirchengeschichte aufgenommen zu werden?

Der reformierte Theologe Walter Nigg äußert sich über die katholische Heilige so: *„Caterina legt das beste Schriftstellerbekenntnis ab, wenn sie von sich selbst sagt: Gott ließ mich meine Schmerzen durch das Schreiben vergessen.“* Aber das war bei weitem nicht alles. Papst Pius IX. hat sie zur Patronin der Päpste bestimmt. Und die katholische Theologin Agnes Herkommer bringt die Sache auf den Punkt, wenn sie sagt: *„Gregors Rückkehr nach Rom geschah nur dadurch, dass die junge Dominikanerin ihn bat, drängte, beschwor und sich opferte.“*

Caterina selbst gibt uns ihr Erfolgsrezept in ihrem Buch *Dialogus* mit auf den Weg: *„Jeder großen Erkenntnis* *muss zunächst die Liebe vorausgehen.*" Schauen wir also etwas genauer hin: Wer war dieser Franzose, der das Petrusamt entgegen allen Anfeindungen zurück nach Rom brachte, und wer war die Heilige aus Siena, die ihm darin unermüdlich beigestanden hat?

Ich wünschte,
Ihr wäret ein Baum an Liebe,
eingepflanzt in der ewigen Liebe.
Ein Baum,
der zum Heil der Herde
seine Wurzeln tief in die Demut versänke.
Dann würdet Ihr
in der Krone Eures Geästes
die Früchte finden,
die Geduld und Tapferkeit heißen.

Caterina von Siena an Papst GregorXI.

I. Teil

Quo vadis?

Wohin gehst du, Petrus? Die Gräber der Apostel sind verwaist, Rom ist eine arme, verlassene Stadt. Du selbst bist ins Exil geflohen und abhängig geworden von den Königen Frankreichs. Du hast Avignon zur Residenz erklärt und kauftest das französische Babylon von der Königin von Neapel, – die ihren König ermordet hat. So hast du dir Nabots Weinberg zu eigen gemacht, um dir selbst einen Palast zu errichten. In meinem Namen hast du der falschen Königin die Absolution erteilt. Du ließest dich salben am Grab des Mörders Herodes in Lyon und bautest weiter an deinem Elfenbeinhaus. Mein Volk stöhnt unter den Lasten, die du ihm aufbürdest. Deine Könige und Gelehrten schicken ihre Kinder durchs Feuer und beten sich selbst als Götzen an. Sie knechten und töten, was mir gehört. Deine Verwalter sind wie faule Äpfel, die meine ganze Ernte verderben.

Auch du, Saul, was verfolgst du mich? Deine Söldner lassen nicht Kinder noch Frauen leben, ihre Männer hast du in Gefangenschaft verschleppt. Und mein Volk darf den Sonntag nicht heiligen. Die große Stadt ist zertreten, ihre Ländereien sind zum Blutacker geworden. Trunken seid ihr von Macht und nicht von Liebe. Denn ihr trinkt an den Ufern Babylons.

Mach dich auf, Petrus, mein Fels, erhebe dich gegen den Menschenmörder, die alte Schlange. Kehr um nach Rom! Ich will mich ein weiteres Mal mit dir kreuzigen lassen!

Siena 1353

Als Caterina sechs Jahre alt war, sollte sie eines Tages mit ihrem älteren Bruder Stefano zum Haus ihrer Schwester Bonaventura gehen. Als die beiden diesen Auftrag erledigt hatten und auf dem Rückweg waren, hob das Mädchen ihre Augen und gewahrte auf dem gegenüberliegenden Giebel der Kirche der Predigerbrüder in der Luft ein wunderschönes mit königlicher Pracht geschmücktes Gemach. In ihm sah sie den Herrn Jesus Christus auf einem Herrscherthron, angetan mit bischöflichen Gewändern und der Tiara auf dem Kopf. Dieser lächelte ihr mit inniger Liebe zu.

Raimund von Capua, Legenda Maior, Art. 29

Er sprach: „Schaue auf mich und bewundere den Bräutigam, den Papst, und seine heilige, unermessliche Absicht.“

Caterina von Siena, Brief 371

Wie heißt das verschlafene Nest?

Ein junger Mann, mit der Kleidung des höchsten Adels ausgestattet, führt sein Pferd an den Brunnen der Stadt. Das Wasser plätschert aus einer Steinsäule ins Granitbecken. Der Brunnen steht auf einem gähnend leeren Platz direkt vor einer schmucklosen Kirche. Außer einem jungen Mädchen ist weit und breit keine menschliche Seele zu sehen. Glühende Hitze steigt vom sandigen Boden auf. Nirgendwo gibt es Schatten.

Das Mädchen im schlichten Leinenkleid kommt allein die Kirchenstufen herunter. In seinen Händen trägt es zwei große, lederne Wasserbehälter. Bei dem Fremden und seinem Pferd angekommen, antwortet es auf dessen Frage, wo er sich befinde: „Du bist in Siena, Fremder.“ Mit diesen Worten taucht es die beiden Behälter in den Brunnen und füllt sie mit frischem Wasser.

Er hat sich zu ihr auf den Brunnenrand gesetzt, als sie ihm ein Stück Brot aus ihrer Tasche anbietet. „Es ist Sonntag und alle Gasthäuser sind zu“, sagt sie dabei.

Der Reisende nimmt ihr Angebot dankbar an und gönnt sich eine Pause, während sie das herrschaftliche blaue und goldgelbe Tuch seiner Garderobe und die gleich gefärbten Hosen interessiert betrachtet. „Meinem Vater gehört die Färberei von Siena“, sagt das Mädchen zum Fremden. „Du musst sehr reich sein. Das sehe ich an den Farben, die nur die Vornehmen tragen dürfen. Mein Vater hat mir alles erklärt.“

Er schüttelt abwehrend den Kopf. „Nein. Ich bin Student.“

Das Kind zieht unbekümmert die Beine an, als es erwidert: „Ich habe vierundzwanzig Brüder und Schwestern, aber keiner von ihnen ist Student.“

Über ihre kindlich naive Art erheitert belehrt er sie: „Student ist man, wenn man etwas lernt.“

„Und was lernst du?“, will seine neue Bekanntschaft wissen.

Während er mit ihr spricht, überprüft er den Sattelgurt seines Pferdes. „Ich bin Student der Jurisdiktion. Das ist die Gesetzeslehre.“

„Die Zehn Gebote sind doch Gesetz genug. Was willst du mit anderen?“

Er lächelt die wissbegierige Färbertochter freundlich an. „Die reichen aber nicht aus, um Ordnung im Land zu halten."

„Was denn? Was Gott den Menschen gibt, soll uns nicht reichen?"

„Man muss doch verstehen, was die Gesetze bedeuten", rechtfertigt er sich.

„Ich finde die Zehn Gebote sehr verständlich", antwortet sie. „Woher kommst du überhaupt?", will sie neugierig von ihm wissen.

„Aus Limoges. Das ist in Frankreich", antwortet er gewissenhaft.

„Und wohin willst du?"

„Nach Perugia. Dort studiere ich." Und als sie ihm ein zweites Stück Brot reicht, fragt er: „Und du, woher kommst du?"

Sie deutet noch mit dem Brot in der Hand auf das Gebäude vor ihnen. „Aus der Kirche."

„Und wohin willst du?", erkundigt er sich, als er aus dem bereitliegenden Schöpflöffel trinkt.

„In die Wüste."

Der unbekannte Student setzt die Holzkelle wieder ab. „Wohin?", fragt er ungläubig.

Das Kind an seiner Seite wiederholt: „In die Wüste."

„Was um alles in der Welt macht ein kleines Mädchen in der Wüste?", wundert er sich.

„Sich ins Gebet vertiefen. Was dachtest du denn?"

Der junge Mann im vornehmen Rock schüttelt den Kopf. „Beten kannst du in der Kirche oder auch zu Hause."

„Das kann ich eben nicht", erwidert sie ganz vernünftig wie eine Erwachsene. „Denn meine Mutter will verhindern, dass ich mich den ganzen Tag nur mit Gott unterhalte. Also hat sie die Magd entlassen und mich an deren Stelle gesetzt, sodass ich keine Zeit zum Beten habe. Ich muss bei meinen Geschwistern schlafen, damit ich kein Zimmer habe, in das ich mich zum Beten zurückziehen kann."

„Warum tut sie das?", wundert er sich. „Jede Mutter wäre stolz."

Das Kind auf dem Brunnenrand zuckt mit den Schultern. „Sie glaubt mir nicht."

„Sie wird bestimmt ein Einsehen haben. Die Wüste ist jedenfalls nicht der richtige Ort für dich."

Er sitzt ganz zwanglos neben ihr, als sie plötzlich in den blauen Himmel über der Kirche deutet. „Jesus, die ganze Liebenswürdigkeit, lächelt uns gerade an."

Er blickt in einen von der sommerlichen Hitze flimmernden Himmel. „Also ich sehe nichts."

„Nein, du siehst es nicht, aber ich. Es ist ja nicht wirklich da."

„Du bist sehr fantasievoll", bemerkt er. „Deine Mutter sollte es nicht unterdrücken. Vielleicht wird aus dir mal ein Dichter oder ein Maler."

Sie sieht ihn erstaunt an. „Mein Großvater ist ein bekannter Dichter in dieser Region."

„Siehst du. Da liegt das Talent doch nahe."

Das Kind an seiner Seite schüttelt den Kopf, als habe er es nicht verstanden. „Das meine ich aber nicht. Jesus lächelt mich vom Himmel aus an. Er ist seltsam gekleidet."

Ihr zuliebe geht er scherzhaft darauf ein. „Und was trägt man so im Himmel?"

„Das wundert mich auch. So habe ich ihn noch nie gesehen, wenn er mich begrüßt. Er ist gekleidet wie ein

Bischof mit einer Krone.“

„Warum sollte er keine Krone tragen?“, geht er auf das, was er für kindliche Fantasie hält, ein. „Er ist doch der höchste aller Könige.“

Das junge Mädchen nickt verständnisvoll. „Du hast gewiss recht damit. Aber seine Krone sieht anders als die Krone eines Königs aus.“

„Wie sieht sie denn aus?“

„Mehr wie eine hohe, weiße Mütze mit drei goldenen Reifen.“

Ihm fällt der Schöpflöffel aus der Hand ins Wasser. „Du weißt nicht, was du dort siehst.“

Die kleine Bekanntschaft vom Brunnen schüttelt den Kopf. „Nein, das weiß ich auch nicht. Eine solch seltsame Mütze kenne ich nicht.“

Er hat sich wieder neben sie gesetzt, während er sein Pferd noch einmal aus dem Brunnen trinken lässt. „Wovon du da sprichst, das ist die Krone des Papstes.“

Erstaunt sieht sie ihn an. „Woher willst denn du so etwas wissen? Du lernst doch die Gesetze.“

Der unbekannte Adelige nickt. „Ja. Aber Papst Clemens VI. ist mein Onkel. Erzähle es aber niemandem.“

Seine junge Bekanntschaft sieht ihn nicht weniger ungläubig an, als er es vorhin mit ihr tat. „Nein, ich sage es bestimmt niemandem“, antwortet sie, als rede sie mit einem Kranken. Ihr Blick wandert wieder hinauf in den Himmel. „Aber, Jesus, unser Liebenswerter, er lächelt heute gar nicht mich an, wie er es sonst macht.“

„Sondern?“, will er wissen, wie ein älterer Bruder, der ihr Spiel nicht verderben will.

Das Kind blickt dem Fremden unmittelbar ins jugendliche Gesicht: „Du bist es, den er anlächelt."

Er steht vom Brunnenrand auf und zieht sich einen braunen Reithandschuh über die Hand. „Ich muss weiter. Ich studiere die Gesetze. Mich kann er also nicht meinen, und du bist eine Frau. Dich kann er auch nicht meinen." Mit diesen Worten steigt er aufs Pferd.

„Er meint dich und mich."

Aus dem Sattel lächelt er das Kind noch einmal freundschaftlich an. „Also, wenn ich Papst werde, lasse ich es dich wissen."

„Wer bist du denn?"

„Man nennt mich hierzulande Pietro degli Ubaldi. Mein richtiger Name ist jedoch Pierre Roger de Beaufort." Dann nimmt er die Zügel wieder auf und fragt belustigt: „Nach welcher Jungfrau muss ich rufen lassen, wenn ich denn Papst werde?"

„Nach Caterina, Tochter von Giacomo di Benincasa." Mit diesen Worten reicht sie ihm die beiden Wasserbehälter hinauf. Der inzwischen hinzugekommene ältere Bruder packt sie entschlossen bei der Hand. „Hier bist du. Ich suche schon die ganze Zeit nach dir", schimpft er. Dabei zieht er sie mit sich, als sie dem Fremden noch zuruft: „Du kannst mein Wasser mitnehmen. Ich brauche es nicht mehr."

Siena 1370

Als sie in ihrer Zelle war, nahm sie im Gebet Zuflucht und bat: „Lass nicht zu, dass die alte Schlange, die du durch dein Leiden niedergestreckt hast, über mich triumphiert." Als sie diese und ähnliche Worte vortrug, erschien ihr der Erlöser der Welt. Er trug in der Rechten eine goldene und in der Linken eine Dornenkrone. Bereitwillig nahm sie mit beiden Händen die Dornenkrone und drückte sie sich mit solcher Leidenschaft aufs Haupt, dass die Dornen sich ringsherum tief in ihr Haupt bohrten, dass sie nach dieser Vision heftige Kopfschmerzen verspürte, wie sie mir persönlich bekannte. Der Herr sprach zu ihr: „Wie ich dieses Ärgernis an dir zugelassen habe, so kann ich es auch aufs Schnellste wieder beseitigen. Harre also und weiche dem Teufel nicht aus, der dich zu verhindern sucht. Ich aber werde dir den Sieg über ihn schenken."

Raimund von Capua, Legenda maior Art. 158

Mit dem Psalmisten betete sie, es möge in ihr ein reines Herz geschaffen werden. Jesus Christus zeigte sich ihr und öffnete die linke Seite, um das Herz herauszunehmen. Er näherte sich nach einigen Tagen wieder und setzte ihr ein rotes flammendes Herz ein. Zum äußern Zeichen dieses Wunders, blieb immer eine Narbe zurück.

Tommaso Caffarini, Legenda minor II. Kap.6

Du wunderst dich, lieber Leser, du sollst wissen, dass es dafür viele Zeugen gibt. Ich selbst war auch im Zweifel und ging zu ihr. Ich fragte: „Was hast du in dieser Zeit gesehen? Ich beschwöre dich, verheimliche mir nichts."

Sie antwortete, dass sie vor der Rückkehr in ihren Leib den größten Schauder verspürte und dass der Erlöser zu ihr sprach: „Du wirst die Ehre meines Namens und die heilbringenden Lehren vor die Großen und die Kleinen bringen.

Ich werde dir eine Stimme der Weisheit geben, der niemand widerstehen kann. Ich werde dich vor die Päpste und die Lenker der Kirche führen, denn ich will durch das Schwache den Stolz der Starken zuschanden machen."

Raimund von Capua, Legenda maior Art. 213, 216

Öffne die Tür!

Draußen rufen Leute. Sie aber betrachtet versonnen ihr Spiegelbild: eine noch junge Frau im weißen Bußgewand, das Haar abgeschnitten bis zum Hals, ihr Gesicht ebenmäßig, besonders geschmückt mit zarten, rosigen Wangen, den Blick voller Liebe und Sehnsucht zum Höheren aufgerichtet, der Körper wohlgeformt, mit schlanken Händen, die nachdenklich das eigene Gesicht berühren.

In der kleinen, dunklen Kammer brennt das Licht einer einsamen Kerze. Draußen trommeln Fäuste an die Tür. „Caterina!", rufen aufgebrachte Stimmen hinein. „Caterina! Mach die Tür auf!" Sie aber verfolgt die Bewegungen ihres Körpers im Schatten an der Wand, ohne zu antworten. „Ich bin glücklich hier", flüstert sie dem Kreuz über einer Schlafstelle aus Strohmatten zu. Währenddessen wird von außen weiter eindringlich geklopft und gerufen. „Caterina! Ich bin es, Lapa, deine Mutter!"

Der Blick wandert erneut vom Spiegel zum Kreuz hinüber. „Lapa versteht es nicht“, raunt sie ihm zu. „Ich bin glücklich hier.“ Dann ruft sie laut: „Mamma, stell das Essen vor die Tür und lass mich in Ruhe.“

„In Ruhe!“, hört sie die Mutter draußen schimpfen. „Seit drei Jahren bist du da schon allein.“

„Ich bin nicht allein!“, antwortet sie laut und blickt aufs Kreuz.

Die Mutter pocht weiter an die Tür. „Caterina! Wir brauchen jede Hand im Haus. Du musst auch etwas tun.“

Sie betrachtet wieder den eigenen Schatten an der Wand und das Flackern der Kerze. „Nimm dir eine Magd. Geld dazu hast du genug.“

„Hier ist ein Brief für dich“, versucht die Mutter sie nun mit anderen Argumenten aus ihrer selbst gewählten Stille zu locken.

„Schiebe ihn unter der Tür durch“, erwidert sie ungerührt.

„Nein, das werde ich nicht tun!“, weigert sich die Mutter.

Wieder wendet sie sich dem Kreuz zu und sagt: „Lapa lässt keine Gelegenheit aus, mich zu verheiraten.“

Sie bleibt im Innern unnachgiebig. „Schiebe den Brief durch den Spalt an der Tür.“

„Du kannst ihn nicht lesen“, triumphiert die Mutter. „Dein Vater wird ihn dir vorlesen, wenn du kommst.“

Ihre Augen schauen auf ein paar Bücher, die auf dem Tisch mit der Kerze liegen. „Ich kann, du weißt es“, lächelt sie zum Kreuz hinüber. „Ich kann.“

Draußen ruft die Mutter: „Eine arme Seele bittet dich um Beistand.“

„Du hast den Brief also schon gelesen, Mutter?“, fragt sie streng. „Dann nenne mir den Namen und das Anliegen. Ich will mich sofort darum bemühen.“

„Ein Verzweifelter bittet um deinen Trost“, erklärt die Mutter von draußen.

Sie lässt sich nicht erweichen. „Bringt ihn her. Ich werde mit ihm reden.“

Die Augen liebevoll auf das Kreuz gerichtet, fragt sie leise: „Was willst du, dass ich tun soll?“

Draußen drängt die Mutter weiter und hämmert mit den Fäusten an die Tür. „Caterina! Öffne deine Tür, es ist wichtig.“

Wieder wandert ihr Blick vom Kreuz über den Schatten an der Wand zum Spiegel, in dem sie sich betrachtet. Die Person im Spiegel trägt eine Dornenkrone. Langsam tastet sie übers Gesicht. Erste Blutstropfen rinnen die Stirn hinunter. „Geh hinaus“, hört sie, „ich werde dich überall hin begleiten.“

Draußen der Lärm wird lauter. „Caterina!“

Lange bleibt sie schweigend vor dem Spiegel stehen. Dann wendet sie sich um. Sie wirft den schwarzen Mantel der Dominikaner über das weiße Gewand und schiebt den Riegel im Schloss zur Seite. Als sie die Tür öffnet, blickt sie in viele staunende Gesichter, haben sie alle sie doch drei Jahre lang nicht mehr zu sehen bekommen.

„Was also wollt ihr von mir? Und wo ist der Brief“, sagt sie, als sei es nie anders gewesen.

Aus der Menge der verblüfften Leute tritt ein Ordensmann hervor. „Ich bin Alfonso di Vadaterra, der Beichtvater der verstorbenen Brigitta von Schweden. Im Namen und im Auftrag auch unserer Mutter soll ich Euch diesen Brief überbringen“, sagt er kurz.

Verwundert fragt sie den Geistlichen: „Wer ist es, der mir einen Brief bringen lässt und mich mit der Macht meines liebenswerten Jesus zwingen kann, meine Klosterzelle aufzugeben?"

„Nehmt das Schreiben und seht selbst." Mit diesen Worten überreicht er ihr einen versiegelten Umschlag. Der Überbringer dieser Nachricht erklärt dazu trocken: „Unsere Heiligkeit, Papst Gregor XI., bittet im Namen unserer seligen Brigitta um Euren Beistand, Caterina di Benincasa!"

Als sie den Umschlag in den Händen hält, blickt sie überrascht auf das leuchtend rote Siegel aus Avignon.

Dann öffnet sie den Brief. „Caterine, ma Sainte, fait ta prière pour moi!", steht dort geschrieben. „Caterina, meine Heilige, bete für mich!" Und mit noch viel größerem Erstaunen liest sie die Unterschrift unter diesen Zeilen: „Pierre Roger de Beaufort."

Siena 1375

Ein Fall ereignete sich in Siena, wo ich selbst dabei war. Niccolo di Toldo, der unvorsichtigerweise etwas über den (antipäpstlichen) Staat gesagt hatte, wurde zur Enthauptung verurteilt. In der Meinung, ihm widerfahre großes Unrecht, ging er wie ein Mann, der alle Hoffnung verloren hat, ins Gefängnis. Er wollte weder die Beichte ablegen noch einen Bruder oder Priester sehen oder sprechen. Schließlich wurde Caterina zu ihm geschickt.

Von Nächstenliebe erfüllt, besuchte sie ihn im Gefängnis. Nachdem Niccolo sie gesehen und mit ihr gesprochen hatte, sagte er: „Wenn Ihr mir die Gnade erweisen wollt, dann bitte ich Euch, morgen früh zu kommen, wenn ich enthauptet werde." Als Caterina ihm das versprach, erhob er seine Hände und dankte Gott. Wie versprochen ging Caterina noch vor der Zeit zum Ort der Hinrichtung hin. Als sie inständig betete, wurde sie seines Heils versichert.

Tommaso Caffarini, II. Kap.7

In diesem Augenblick erschien der Gottmensch wie die helle Sonne. Er nahm dies Blut zu seinem Blut. Den Funken der Gnade, den er in diese Seele gegeben hatte, nahm er in das Feuer der Gottesliebe auf.

Caterina von Siena, Brief 273

Heute noch wirst du im Paradiese sein!

Ihre Worte sind von der Macht einer Gewissheit beseelt, die andere das Fürchten lehrt. Mit gemäßigten Schritten begleitet sie einen jungen Mann. Seine Hände sind auf dem Rücken mit einem Strick zusammengebunden. Schwarzes, lockiges Haar umspielt die jugendlichen und ebenmäßigen Züge. Das Gesicht scheint zu leuchten, es fehlt jede Spur von Verzweiflung und Bitterkeit.

Die Frau, die diesen Gefangenen begleitet, trägt einen schlichten schwarzen Wollumhang über ihrem weißen Habit und einen schwarzen Schleier, der über der weißen Kinnbinde ihr schmales und ebenfalls noch sehr junges Gesicht einrahmt. Hinter den beiden gehen der Henker und sein Knecht.

Der weitläufige Marktplatz wird vom warmen Morgenlicht angestrahlt, als der junge Mann, kaum älter als zwanzig vielleicht, zum Richtplatz geführt wird. Im Hintergrund sind die unterschiedlichsten und auch furchteinflößenden Richtstätten zu sehen. An den Absperrungen steht dicht gedrängt das ganze Volk von Siena. Lautes, erwartungsvolles Stimmengewirr liegt über diesem Ort. Die Personen, auf die alle ihre Aufmerksamkeit richten, sprechen kein Wort. Beim Richtblock angelangt, kniet die Nonne davor nieder und legt ihren Kopf hinein. Sofort stöhnt die geifernde Menge auf. „Geh da weg!“, schreien sie. „Wir wollen was sehen!“

Nach einigen Minuten erhebt sich die Ordensfrau. Zum ersten Mal wendet der Verurteilte ihr den Blick zu. „Verlass mich nicht in dieser Stunde“, bittet er und die dunklen Augen schauen sie dabei an.

„Mein Sohn“, sagt sie liebevoll wie eine Mutter,

obwohl sie nicht älter ist als er, „ich will mich neben dich knien und dir allen Beistand leisten, den der Herr mir geben wird."

Der junge Mann nickt. In stiller Andacht kniet sie neben dem hölzernen Richtblock nieder und ermuntert ihn: „Nur zu, mein Sohn, der Herr will sich mit deiner Seele vermählen. Es gibt keinen Grund, den himmlischen Bräutigam warten zu lassen."

Der zum Tode Verurteilte lässt sich auf die Knie fallen und legt den noch so jungen Kopf mit den wundervoll schwarzen Locken bereitwillig wie ein Lamm in die schon ausgehauene Mulde des Richtblocks.

Der Henker nickt seinem Gesellen zu. „Zieh von vorn", befiehlt er ihm, „dann geht's besser." Der Gehilfe tritt vor den Richtblock und krallt sich fest im schwarzen Haar des Jünglings, um die Wirbel auseinanderzuziehen.

„Nein", schreit der zum Sterben verurteilte energisch auf. „Ich habe noch nicht gebetet."

Die neben dem Richtblock kniende Nonne ruft darauf beherzt aus: „Haltet ein!"

„Ich kann ihm nicht helfen", brummt der Henker ungehalten„wenn kein Pfaffe da ist."

„Wenn kein Pfaffe da ist", herrscht sie ihn an, „werde ich für ihn beten!"

„Dann fang endlich damit an", poltert der Henker, „je länger es dauert, umso schlimmer wird es."

„Umso schlimmer wird es für dich", erwidert sie darauf ruhig. „Du wartest auf dein Frühstück, er aber wird in den Himmel eingehen."

„Wenn das so einfach wäre, würde ich dich auch für mein letztes Stündlein herbeibitten", lästert grob der Henker.

Sie kniet noch immer. „Ich werde da sein“, antwortet sie gefasst. Darauf hebt sie den Blick in den sonnigen Morgenhimmel und vertieft sich ins Gebet, dass sie bald auch schon nicht mehr das nörgelnde Gemurmel des Volkes wahrnimmt. Nach einer Weile fährt sie der Henker laut an: „Bist du so weit, Weib?“

All das lässt der Verurteilte ruhig über sich ergehen. „Ich habe einen letzten Wunsch“, bittet er den Henkersknecht. „Lass meinen Kopf los.“

„Es ist leichter für dich“, erklärt der Geselle.

„Lass los“, fordert er noch einmal.

Währenddessen bleibt der Blick der Ordensfrau davon unberührt ins Blau des Himmels gerichtet. Dann sagt sie zum Knecht: „Geh. Ich halte sein Haupt.“

„Das kannst du nicht, ein Weib“, wehrt der Geselle ab.

Sie rutscht vor den Holzblock. „Ich kann!“, entgegnet sie mit fester Stimme.

Der Geselle sieht den Henker fragend an. „Mir ist es gleich“, erwidert dieser dann.

So kniet die Nonne vor dem Block und nimmt das jugendliche Haupt in ihre Hände. Ihr Kopf streckt sich in den Nacken und ihr Blick richtet sich hoch in die weißen Wolken.

„Zieh!“, brüllt der Henker mit voller Kraft.

Sie hält den Kopf, starrt in die Morgensonne und ruft laut aus, dass alle es hören können: „Siehe, ich sehe den Himmel offen stehen!“

Das Beil saust herab und der Kopf fällt ihr in den Schoß. Sofort ist der weiße Habit von hellrotem Blut durchtränkt. Der Kopf des jungen Mannes ruht in ihrem Schoß, als ob er schliefe. Sie streichelt ihm über die Wangen und das klebrige Haar.

„Gib ihn her“, ruft der Henker. „Es ist vorbei. Hast deine Sache gut gemacht.“

Sie aber schüttelt den Kopf. „Nein, verehrter Mann, lasst ihn mir noch eine Weile. Ich halte das süßeste Haupt Italiens in meinen Händen.“ Lange Zeit verharrt sie einfach so, den Blick unermüdlich in den Himmel über Siena gerichtet.

Erst als sie fertig ist, erhebt sie sich und trägt den leblosen Kopf eines ehemals schönen Jünglings an den Zuschauern vorbei. „Seht nur hin“, ruft sie dabei aus, während ihr weißes Leinenkleid von rotem Blut durchtränkt ist, „seht das süßeste Haupt Italiens.“ Die Leute aber weichen vor ihr und vor der Konfrontation, die sie ihnen so entschlossen zumutet, erschrocken zurück.

Avignon 1376

Mit großer Zuneigung und vom Blut überströmt, war die Seele aus dem Leib geschieden. So wurde Niccolo von Gott aufgenommen und die Hände des Heiligen Geistes schlossen ihn ein, den Blick liebevoll zurückgewandt zu denen, die ihn bis dorthin begleitet hatten.

Caterina von Siena, Brief 273

Durch den Übermut der Florentiner verlor der römische Pontifex fast seinen gesamten Besitz, über 60 Bischofssitze und über 10.000 feste Plätze, sodass nur wenige oder gar keine Ländereien unter seiner Herrschaft verblieben.

Als dies aber geschah, verhängte Papst Gregor XI. über die Florentiner abschreckende Sanktionen: Fast auf dem ganzen Erdkreis wurden sie von allen Regenten festgenommen und ihrer Güter beraubt. Unter dem Druck dieser Maßnahme sahen sie sich gezwungen, mit dem Papst in Friedensverhandlungen zu treten, wobei sie vor allem um solche Personen als Vermittler bemüht waren, die sie als Vertraute des Papstes kannten. Es war ihnen zu Ohren gekommen, dass die heilige Jungfrau wegen ihres Rufes der Heiligkeit in den Augen des Heiligen Vaters großes Ansehen genoss.

So baten sie inständig, sie möge persönlich nach Avignon reisen, um einen Friedensschluss auszuhandeln.

Raimund von Capua, Legenda maior, Art. 419

Mit Sehnsucht habe ich danach verlangt, in Euch die Fülle der göttlichen Gnade zu sehen. Zunächst aber solltet Ihr im Garten der heiligen Kirche, dessen Hüter Ihr ja seid, die stinkenden Blumen ausrotten, die voll Schmutz und Gier und vom Stolz aufgebläht sind. Um Gottes willen gebraucht Eure Macht und reißt diese Blumen aus und werft sie hinaus und pflanzt die duftenden Blumen ein. Weidet in Eurem Garten die Lämmer und nicht die reißenden Wölfe, die Gott die Ehre stehlen. Und verzögert Eure Rückkehr nach Rom nicht. Hört nicht auf den Teufel, der um seine Niederlage bangt und deshalb alles tut, um Euch Ärger zu bereiten. Seid doch ein beherzter Mann!

Caterina von Siena, Brief März 1376 an Gregor XI.

Ist das die Frau?

Die Worte werden vom Wind über den Brückengang getragen. Am hoch gemauerten weißen Sandstein der Kapelle auf der Saint-Bénezet-Brücke steht ein Mann, von oben bis unten in leuchtendes Kardinalrot gekleidet. Der elegante, flache Bischofshut mit den kleinen Quasten spendet seinem Träger unter der glühenden südfranzösischen Sonne ein wenig Schatten. „Ist das die Frau, die das Haupt eines Jünglings durch ihre Stadt trug?", wiederholt er seine Frage.

Wenige Meter von ihm entfernt, kommt eine Ordensfrau die engen Stufen der Brücke hinunter. „Ich hätte es auch bis nach Rom getragen, um der Willkür des Gesetzes in Florenz zu begegnen", antwortet der weibliche Gast unerschrocken, „aber in Rom ist ja niemand, der von diesem Unrecht hören wollte." Das Tuch des schwarzen Mantels hält sie vors Gesicht gelegt, sodass nur ihre Augen zu sehen sind. So verhüllt geht sie an der Mauer entlang und tritt dem Wartenden an der Kapelle entgegen. Bei ihm angelangt, macht die Frau, deren Alter überhaupt nicht einzuschätzen ist, einen tiefen Kniefall und berührt mit ihren Lippen den Saum seines roten Gewandes. „Eure Heiligkeit“, raunt sie ehrfürchtig in die rote Seide hinein.

Er nickt wohlgefällig und antwortet herablassend: „Das also ist die eifrige Briefeschreiberin.“

In demütig gebeugter Haltung und von ihm abgewandt, hält sie noch immer das Tuch ihres Mantels vors Gesicht, als sie erwidert: „Ich bin nicht die einzige Frau, die Euch Briefe schreibt.“

Er lächelt süffisant. „Aber die einzige, die derart hartnäckige Briefe schreibt.“

Weiterhin mit verhülltem Gesicht kontert sie selbstbewusst: „Auch das ist nicht richtig, Eure Heiligkeit. Ich erinnere Euch an Brigitta von Schweden.“

„Sie ist seit fünf Jahren tot, meine Tochter“, antwortet er väterlich belehrend. „Und du scheinst mir der rechte Ersatz für sie zu sein.“

„Und mir scheint, dass mit dem Tod der seligen Brigitta der Wunsch Eurer Heiligkeit nach Rom zurückzukehren auch gestorben ist“, bringt sie ihre Sache entschlossen unter dem vorgehaltenen Tuch hervor.

Er hält verblüfft von ihrer Direktheit inne. Als er sich gefangen hat, entgegnet er: „Die Politik erlaubt im Augenblick keinen Umzug nach Rom.“

Ohne ihre demütig abgewandte Haltung aufzugeben, kontert sie scharf: „Dann seid auch Ihr nicht besser als Pilatus, welcher der Politik nachgab, als er den Herrn kreuzigte.“

Die roten Quasten seines eleganten Hutes wehen im heißen Sommerwind. Über ihnen leuchtet ein strahlend blauer südfranzösischer Himmel, der einen malerischen Kontrast zu den weißen Festungsmauern bildet. Unterhalb der weißen Mauern plätschert ein türkisfarbener Fluss. Am Ufer der gegenüberliegenden Stadt Villeneuve sind die Olivenhaine des Kartäuserklosters zu sehen. „Kennst du das Kloster und die Stadt, die dort entsteht?“, fragt er und deutet dabei auf das andere Ufer.

Sein weiblicher Gast nickt. „Natürlich kenne ich die neue Stadt und das Kloster. Von dort komme ich, um Euch hier zu treffen.“

Prüfend wie ein Vater will er von ihr wissen: „Und wie bist du von dort hierher gekommen?“

„Über diese Brücke selbstverständlich, auf der wir nun stehen“, erwidert sie, „und die Ihr wieder aufbauen ließet.“

Ihr Gegenüber lächelt triumphierend. „Dann weißt du auch, dass ich zwei getrennte Städte zum Wohle der Menschen, die hier leben, miteinander verbinden ließ.“

Herausfordernd blickt sie ihn an. „Ihr seid der Pontifex, der Brückenbauer, Eure Heiligkeit.“

Er stimmt überzeugt zu. „Du sagst es. Der bin ich.“

„Gut, dann baut Eure Brücke von Avignon nach Rom zum Wohle der Christenheit“, kontert sie ernst.

Nachdem der Hausherr sich wieder gefasst hat, sieht er auf die noch immer gebeugt stehende, mutige Nonne herab. „Dem König von Frankreich würde dieser Umzug nicht gefallen, denn damit zieht auch die höchste Macht um.“

„Gebt dem König, was des Königs ist“, erwidert sie unerschrocken, „und gebt Gott, was Gottes ist.“

„So einfach geht das nicht, meine Tochter“, belehrt er sie.

Das schwarze Tuch unverändert vors Gesicht gehalten, fährt sie fort: „Du bist Petrus. Auf dich will ich meine Kirche bauen. Oder gilt das etwa nicht mehr?“

„Ja, das ist richtig“, entgegnet er zögerlich, und er fragt sich, was sie ihm wohl als Nächstes sagen will.

„Und, Eure Heiligkeit? Auf wessen Grab wolltet Ihr denn Eure Kirche bauen?“

„Wie soll ich das verstehen?“, wundert er sich.

„Steht nicht die Basilika des Konstantin auf heiligem Boden, nämlich dem Grab des heiligen Petrus in Rom? Oder auf wen wollte der Herr seine Kirche bauen?“

Ihr noch sehr junges Gegenüber, das durch die Politik seiner Verwandten zu einem der jüngsten Päpste gewählt worden ist, lächelt überlegen: „Die Worte des Herrn sind gewiss nicht allzu wörtlich zu nehmen, meine eifrige Tochter.“

Auch wenn sie scheu und in Ehrfurcht vor dem Amt ihres Gesprächspartners zur Seite blickt, antwortet sie doch beherzt: „Sagt nicht der heilige Thomasio di Aquino, mit dem ich Gemeinschaft des gleichen Ordens pflegen darf, dass die Heilige Schrift Hinweise auf verschiedenen Ebenen in sich birgt? Nämlich einen tatsächlichen, einen übergeordneten und einen geistigen?“

Ihr Gegenüber im kardinalroten Gewand nickt. „Das ist richtig.“

„Dann meine ich doch, Eure Heiligkeit, dass die tatsächliche Ebene nur das Grab des Petrus sein kann. Oder kennt Ihr eine andere Erklärung hierzu?“

Er wehrt mit beiden Händen ab und fügt hinzu: „Und was wäre deiner Meinung nach die übergeordnete Bedeutung dieses Textes?“

Sie wendet sich in tiefer Demut von ihm ab. „Das hohe Amt Eurer Heiligkeit selbstverständlich.“

Er atmet, von ihrer Sicherheit in die Enge getrieben, tief durch. „Und der geistige Hinweis, den schuldest du mir noch, meine Tochter.“

„Das ist die Gemeinschaft aller Christen“, erwidert sie, ohne die geringste Unsicherheit, „deren Hirte Ihr durch Euer Amt geworden seid, und somit kann Eure Kirche nur auf dem Grab des heiligen Petrus stehen.“

Sein Blick ist ernst. „Gewiss steht die Basilika des Konstantin auf dem Grab meines Vorgängers“, stimmt er zu.

„Wenn ich Eure Heiligkeit noch einmal korrigieren darf“, entgegnet sie, „Ihr solltet Euch den Nachfolger des heiligen Petrus und nicht ihn Euren Vorgänger nennen.“

Ihr Kontrahent presst die Lippen aufeinander. „Hat man schon einmal ein Weib gesehen, das es wagt, das Kirchenoberhaupt zu kritisieren? Kennst du nicht die Regel des heiligen Paulus, meine Tochter, wonach der Mann das Haupt der Frau ist und Christus das Haupt des Mannes?“

„Wie sollte ich sie nicht kennen, Eure Heiligkeit, ich befinde mich im Stand der Keuschheit und nenne mich eine Braut Christi. Wen wolltet Ihr mir da zum Haupt geben?“

Er sieht sie sprachlos an, während der warme Wind mit ihrer Kleidung spielt. Als er sich gefasst hat, fragt er betroffen: „Wer schickt dich, Weib? Der Satan oder Gott?“

Sie lässt den Stoff ihres Mantels fallen und wendet sich ihm erstmals zu. „Urteilt selbst, Eure Heiligkeit.“

Er blickt in das Gesicht einer sehr jungen Frau mit den klaren, blauen Augen einer Lombardin.

Ihr hochrangiger Gesprächspartner nickt bestätigend. „Ich kann nichts Schlechtes an ihr finden“, sagt er dann.

Als sie nun das schwarze Tuch ihres Mantels wieder

vors Gesicht nehmen will, fordert er: „Lass das und stell dich gerade vor mich hin. Ich will sehen, mit wem ich rede!"

Die Ordensfrau lässt das Tuch ihres Mantels fallen und blickt ihr Gegenüber selbstbewusst an. „Dolce babbo mio", sagt sie dann mit liebevoll sanfter Stimme. „Mein lieber Heiliger Vater. Kehrt um nach Rom. Die ganze Herde wartet auf Euch!"

Zum ersten Mal sind seine Gesichtszüge entspannt und gelöst unter dem leuchtend roten Bischofshut. „Ich werde es den Herren Kardinälen vortragen, meine Tochter."

Sie aber schüttelt wieder nur den Kopf. „Ihr müsst es den Herren Kardinälen auftragen."

Ihre freundliche Entschlossenheit hat längst alle Türen seines Papstpalastes eingerannt und er nickt. „Dolce Caterina. Meine liebenswerte Caterina. Jetzt kann ich Raimondo di Capua verstehen, wenn er so von dir spricht." Er hält einen Augenblick inne und starrt nachdenklich auf die Ärmel ihres Untergewandes, die wie ein fester weißer Handschuh bis über den Handrücken gezogen sind. Bewegt fragt er: „Sie trägt die Wundmale des Herrn? So wurde mir gesagt."

Sie beugt sich wieder tief herab und küsst zum Abschied den Saum seines Gewandes. Als sie sich aufrichtet, lächelt sie ihn liebevoll an. „Ich weiß nicht, wovon Ihr sprecht, dolce babbo mio. Kommt Ihr trotzdem nach Rom?"

Er sieht sie schweigend an und blickt auf ihre Füße hinunter, die trotz südfranzösischer Hitze mit Wollsocken und Sandalen bekleidet sind. „Ich darf es nicht sehen?", will er nachdenklich wissen. Sie aber antwortet: „Babbo, es gibt nichts zu sehen."

Genua 1376

Bei ihrer Rückkehr von Avignon auf dem Meerweg geriet das Schiff in große Gefahr. Der Schiffsführer und alle anderen hatten große Angst. Caterinas Beichtvater sagte ganz erschüttert: „Oh, Mutter, siehst du nicht, in welch großer Gefahr wir sind?“ Sie antwortete ihm ruhig: „Was kümmert ihr euch um euch selbst? Wie könnt ihr so wenig Glauben haben? Der Herr sorgt für uns.“ Dann neigte sie ihr Haupt zum Gebet. Der gütige Gott befreite uns alle aus jeglicher Gefahr.

Tommaso Caffarini, Legenda minor, I. Kap.10

Oh unbegreifliche Liebe, bleib Dir selber treu, wenn Du Deinen Stellvertreter sendest, die toten Kinder zurückzukaufen. Du sendest ihn unter großer Bedrängnis und Gefahren, wie Du Deinen Sohn und unseren Erlöser auch gesandt hast. Er hat ihm die Schlüssel gegeben, unsere Seelen zu binden und zu lösen. Und wenn sein Zögern Dir missfällt, so züchtige meinen Leib dafür.

Caterina von Siena, Gebete II, 3

Heiliger Vater, mein liebster Vater, babbo mio dolce! Ihr müsst drei Tugenden haben: Standhaftigkeit, Starkmut und Geduld. Das sind die Tugenden der Autorität. Weil Eure Last die größere ist, benötigt Ihr ein entflammtes Herz, das sich vor nichts mehr fürchtet.

Caterina von Siena, Brief 252

Caterina

Draußen in den Straßen von Genua ist es finsterste Nacht. Immer wieder hört sie die Hauswirtin rufen: „Caterina! Caterina!“ Endlich öffnet sie die Tür im oberen Stockwerk. Von der oberen Galerie schaut sie in den dunklen Wirtsraum hinunter.
„Was ist denn?“, will sie verschlafen wissen.
Die Wirtin mit dem Kerzenleuchter in der einen Hand und einem Holzscheit in der anderen sieht von unten zu ihr herauf. „Ein Mann will Euch sprechen, Caterina.“ Es klingt ein wenig vorwurfsvoll.
„Mamma mia“, ruft die aufgestörte Frau von der Galerie, „sorgt Euch nicht um meine Keuschheit, Madonna Orietta.“
„Liebes Kind“, erwidert die Wirtin zu ihr herauf, „was soll man denn davon halten, wenn Ihr des Nachts Besuch von fremden Männern erwartet.“
Die Angesprochene beugt sich weiter über das schwere Eichenholzgeländer. „Signora, zu mir kommen die Leute des Tags und des Nachts. Fragt den Gast nach dem Namen und ob sein Anliegen Zeit bis morgen früh hat.“
Die Hauswirtin schlurft in Pantoffeln und ihrem Nachtgewand davon. Sie öffnet das Fenster in der Tür zu ihrer Gaststube. Kurz darauf kehrt sie zurück und ruft zu der oben Wartenden hinauf: „Er sagt, sein Name sei Pietro. Er habe eine Dummheit begangen und es hätte keine Zeit bis morgen früh!“
„Lasst ihn rein, Madonna Orietta.“
„Ihr kennt diesen Galgenvogel?“, will die Wirtin entrüstet wissen.
„Nein. Aber niemand hat bisher gesagt, dass er ein

Galgenvogel ist. Vielleicht hat er einen kranken Verwandten und bittet mich, zu diesem zu kommen."
„Ja, wenn das so ist", lenkt die Wirtin endlich ein. „Ich bitte um Verzeihung, ehrwürdige Caterina. Ich stelle Euch das Licht auf den Tisch."
Sie öffnet daraufhin die Tür und bittet den Fremden in die Gaststube. Der nächtliche Besucher ist wie ein Adeliger vom Land gekleidet, nichts Aufwendiges oder Teures. Sein dunkelbraunes Samtbarett hat er seitlich ins Gesicht gezogen.
Nachdem die Wirtin ihn hereingelassen hat, steigt sie die Stufen zur Galerie hinauf und schickt ihren weiblichen Schützling hinunter. „Er wartet unten. Verfüttert nicht wieder den ganzen Speck an Eure Gäste", sagt sie noch und verschwindet hinter einer laut knarrenden Holztür in ihrem Schlafgemach.
Der Gast wartet geduldig beim schwachen Licht der einzigen Kerze in der Gaststube, bis er im nächtlichen Dunkel die von ihm herbeigerufene Frau barfuß und im weißen Nachtgewand die Stiegen herunterkommen sieht. Grobes Leinen umspielt die Fußgelenke der nächtlichen Erscheinung auf der Treppe. Das dunkelblonde Haar ist zu einem Zopf geflochten. Sie kommt ihm mit schnellen Schritten entgegen, ohne in der Dunkelheit richtig sehen zu können. Geschäftig geht sie an dem Fremden vorbei und sagt: „Ich gehe zur Räucherkammer. Du wirst hungrig sein."
Ohne eine Antwort abzuwarten, verschwindet sie in einer Seitentür und kommt mit Brot und Schinken zurück. „Hier", sagt sie, „iss etwas." Dann huscht sie in einen anderen Raum und kommt mit einem Krug zurück. Während sie noch immer mit dem Auftragen einer bescheidenen Mahlzeit beschäftigt ist, fragt

sie beiläufig, als habe sie diese Frage schon etliche Male gestellt: „Nun. Was hast du für eine Dummheit gemacht? Und verschweige mir nichts, wenn ich dir helfen soll.“
Der unbekannte adlige Landmann nickt bekräftigend.
„Also. Woher kommst du?“
„Aus Marseille“, beantwortet ihr Gast die Frage.
„Mit dem Schiff, das heute hier angelegt hat?“
„Ja.“
„Und was für eine Dummheit hast du begangen?“, will sie von dem nächtlichen Störenfried wissen.
Er aber antwortet gefasst, ohne sich an den gedeckten Tisch zu setzen: „Die Dummheit, die ich beging, war die: Avignon zu verlassen, um nach Rom zu gehen!“
Mit lautem Klirren zerschellt der Krug mit dem Traubenmost auf dem rustikalen Holzboden. Noch im selben Augenblick wirft sich die Frau im weißen Nachtgewand dem Fremden zu Füßen. „Dolce babbo mio, mein liebenswerter Heiliger Vater“, bringt sie hervor und küsst die Schuhe, da es kein Gewand gibt, dessen Saum sie küssen könnte. Völlig verstört über diesen nächtlichen Auftritt bleibt sie vor ihm auf Knien liegen, als sie auch schon die vom Klirren aufgeschreckte Hausherrin rufen hört: „Was war das, Caterina?“
Noch immer zu seinen Füßen ruft sie hastig zurück: „Nichts, mir ist nur ein Krug herruntergefallen.“
„Macht nicht solchen Lärm. Ihr weckt das ganze Haus auf“, ruft die Wirtin von oben herab. „Wenn der Galgenvogel sich nicht benimmt, dann nehmt einen Holzscheit aus dem Kamin.“
„Mir ist nur der Krug heruntergefallen“, beschwichtigt sie noch einmal die ältere Frau im oberen Schlafgemach. „Legt Euch ruhig wieder schlafen.“

„Wie soll man dabei schlafen?", wettert die Gastwirtin und kehrt in ihr Zimmer zurück.
Der ungebetene Besucher wartet geduldig ab, bis die Hausherrin hinter der Tür verschwunden ist. „Caterina, erhebt Euch, was soll die Wirtin denken", bittet er freundlich. „Ich muss inkognito bleiben, sonst werde ich gar nicht erst in Rom ankommen. Man trachtet mir überall nach dem Leben."
Sie aber weiß gar nicht, welche Blöße sie mit ihren schlanken Händen zuerst bedecken soll, den Halsausschnitt ihres Nachtgewandes, das Haar oder die nackten Füße. „Mein liebenswerter Vater, Ihr habt es wahr gemacht", flüstert sie dabei. „Endlich, endlich wird alles gut."
Er schaut noch immer auf sie herab. „Gar nichts wird gut, Caterina. Weißt du, dass man seit meiner Abreise täglich versucht, mich zu ermorden? Hast du mir nicht gesagt, das würde nicht geschehen?"
Noch auf ihren Knien erwidert sie: „Ihr lebt doch noch. Ist Euch das nicht Beweis genug?"
„Caterina, das Schiff, mit dem ich kam, geriet in einem Sturm in schwere Seenot. Was soll ich davon halten? Ich fühlte mich wie Jona, der vor dem Willen Gottes übers Meer flieht und der Sturm sich erst legt, als der Prophet über Bord geworfen ist. Alle meine Begleiter drängen mich zur Umkehr. Niemanden gibt es noch, der meinen Entschluss unterstützen will."
Sie umklammert seine Füße. „Dolce babbo mio, Ihr dürft um Himmels willen doch jetzt nicht aufgeben, da Ihr schon in Genua seid. Der Prophet Jona wurde über Bord geworfen. Ihr aber seid trotz aller Gefahren hier angekommen. Das ist der Unterschied. Nicht nur Eure politischen Gegner sind Euch auf den Fersen,

mein lieber Vater, sondern auch malatasca, der freche Kasper."
„Wer?"
„Der Böse, mein Vater. Ihn persönlich habt Ihr zum Gegner und niemand Geringeren, da Ihr Euch entschlossen habt, den Willen des Herrn zu tun."
Mit einem tiefen Seufzer setzt er sich auf einen Stuhl am Tisch. „Caterina, ich kam, um von dir aufgemuntert zu werden. Stattdessen erzählst du mir, dass alles nur noch schlimmer ist."
„Ich sage Euch nur die Wahrheit, mein lieber Vater", entgegnet sie und erhebt sich, um die Scherben des zerbrochenen Kruges zusammenzukehren. Als sie den Reisigbesen wieder weggestellt hat, holt sie einen neuen Becher und bittet sie ihren hohen Gast: „So nehmt und esst doch von diesem Tisch. Es ist ein einfaches Mahl, aber es ist bestimmt nicht vergiftet." Mit diesen Worten setzt sie sich ihm gegenüber und schneidet ihm Schinken und Brot auf. „Bitte esst doch, damit Ihr gut in Rom ankommt."
Er nimmt das nächtliche Mahl dankbar an, froh darüber, endlich ohne Angst vor Vergiftung etwas zu sich nehmen zu können. Als er fertig ist, entschuldigt er sich: „Du wirst der Wirtin den Verzehr zahlen müssen, und ich habe nichts bei mir, was ich dir geben könnte."
„Sorgt Euch nicht darum. Ihr habt meinen Anteil gegessen, der ist schon bezahlt."
Der unerwartete Gast sieht sie im flackernden Kerzenlicht an. „Du machst es immer so, wenn jemand zu dir kommt, nicht wahr, meine Tochter?"
Sie lächelt über den kargen Holztisch zurück. „Si, dolce babbo mio."
„Du musst selbst etwas essen, Caterina", fordert er besorgt.

„Ich, mein lieber Heiliger Vater, ich ernähre mich vom Brotleib des Herrn."

„Caterina, du musst essen. Ich befehle es dir."

„Gebt Euch keine Mühe, Babbo, ich behalte ja doch nichts davon. Ihr seht, der freche Kasper ist nicht nur Euch auf den Fersen, auch mir hat er längst meine Tage vorgezählt. Nur den Leib des Herrn, den kann er meinem schwachen Körper nicht entreißen, und davon lebe ich."

Sein Blick ist voll Mitgefühl, als er sagt: „Knie dich hin, meine Tochter." Und er beginnt mitten in dieser Nacht, sich ins Gebet zu vertiefen. Zum Ende segnet er das aufgetischte Brot und den Traubenmost mit seinen Händen. „Iss und trink, meine Tochter. Diese Speise wird dir der freche Kasper nicht entreißen." Mit diesen Worten reicht er der vor ihm knienden Frau die gesegneten Gaben.

Kurz darauf nimmt sie wieder bei ihm am Tisch Platz.

„Wie kann ich Euch helfen, mein Heiliger Vater, da Ihr in der Nacht zu mir kommt?"

„Caterina, ich kam, um dir zu sagen, dass es bereits beschlossene Sache ist, Genua auf dem schnellsten Wege wieder zu verlassen und nach Avignon zurückzukehren. Ich habe schon alles Notwendige in die Wege leiten lassen. Es tut mir leid. Es sollte wohl nicht sein."

Entsetzt schlägt sie die Hände vors Gesicht. „Alles, nur das nicht, Babbo." Die Ordensfrau fällt vor ihm auf die Knie. „Heiliger Vater, einst habt Ihr mich nur mit der Macht Eures Gebets aus meiner Klosterzelle gezwungen, in der ich sehr glücklich war; jetzt wird dieselbe Macht Euch nach Rom zwingen. Denn ich werde nicht eher im Gebet nachlassen, bis ich Nachricht habe, dass Ihr auf dem Weg nach Rom seid."

Er bleibt ruhig, als er antwortet: „Dann werde ich sterben, Caterina."
„Babbo", flüstert sie liebevoll, „dann wird die heilige Kirche ihre Gerechtigkeit, ihre Besonnenheit und ihre Sanftmut verlieren. Trotzdem müsst Ihr den Spuren des Apostels folgen. Kann es denn einen größeren Ruf geben, als wie Petrus umzukehren, der schon auf der Flucht vor seinen Häschern war, genau wie Ihr jetzt?"
Er blickt ihr gefasst ins Gesicht. „Du schickst mich in den Tod, Caterina."
„Fürchtet Euch nicht, babbo mio dolce, Ihr müsst Tapferkeit, Starkmut und Geduld haben; weil Eure Last die größere ist, müsst Ihr ein entflammtes Herz haben, das sich vor nichts fürchtet, was eintreten könnte. Darum werde ich von dieser Stunde an Tag und Nacht beten und Ihr werdet es erhalten."
„Du fürchtest weder den Tod noch den Teufel", er packt ihre weißen, magern Hände, „Caterine, ma sainte, priez pour moi. Meine heilige Caterina, bete für mich."
„Das ist der einzig wahre Weg", erwidert sie überzeugt.
Er erhebt sich. „Willst du mich im stillen Gebet bis nach Rom begleiten, Caterina?"
Sie nickt. „Ja, nichts gibt es, was wichtiger wäre, als dass ich den Hirten gut seiner Herde übergebe und dem Gärtner den Weg in den Weinberg weise." Mit diesen Worten steht sie auf und nimmt den Leuchter zur Hand, um ihren Gast zur Tür zu begleiten. Dort angekommen, sagt er: „Ich werde dir, so lange ich lebe, Brot schicken lassen, Caterina."
Seine Ratgeberin nickt. „So werde ich so lange leben, wie auch Ihr lebt, mein Heiliger Vater."
„Nein, wenn ich sterbe, soll dir eine Bulle mit meiner päpstlichen Weisung zugesandt werden, sodass du

immer genügend bei dir hast. Wer hat bisher dafür Sorge getragen?"
„Mein Beichtvater Raimondo."
„Ich werde ihn anweisen, es auch weiterhin zu tun. Du sollst aber zusätzlich über einen eigenen Altar verfügen dürfen, sodass dir das himmlische Brot nicht ausgeht."
Von seiner Fürsorge gerührt, bittet sie: „Haltet das Licht einen Augenblick. Ich will den Nachfolger des heiligen Petrus verabschieden, wie es sich für meinen und seinen Stand gehört." Mit diesen Worten reicht sie ihm den Leuchter und fällt ihm erneut zu Füßen, um anstelle des Saumes die Füße zu küssen. „Jesus ist in Eurer Seele, mein lieber Vater", flüstert sie leise. „Ich habe ihn erkannt."
Als sie sich wieder aufrichtet, fällt der Schein des Lichtes, das er ihrem Wunsch entsprechend noch immer festhält, auf den Holzboden. Auf ihren bloßen Füßen, die unter dem wadenlangen Nachtgewand hervorsehen, sind deutlich die Kennmale zu sehen. Er aber bemerkt es nicht. Ohne ein weiteres Wort an sie zu richten, verschwindet er aus der Tür.

Rom 1377

Auch jetzt, oh unbegreifliche Liebe, ich bitte Deine heilige Milde, dass sein Herz von heiligem Verlangen brenne, die verlorenen Glieder wieder zurückzugewinnen.

Caterina von Siena, Gebete II,1,3

Nachdem sich damals der Stellvertreter Christi auf Caterinas Drängen hin endlich entschlossen hatte, seinen Sitz wieder nach Rom zu verlegen, was denn auch tatsächlich geschah, kehrten wir wieder nach Italien zurück.

Raimund von Capua, Legenda maior, Art. 420a

Jetzt sage ich Euch, wenn Ihr durch den Frieden Eure Kinder zurückholt, wird Euch auch das andere wieder zufallen, der weltliche Besitz der Kirche. Denn bei solchen Kriegen und Wirren könnt Ihr doch keine ruhige Stunde haben. Der Krieg ist ein Hindernis für die Reform der Kirche. Es macht einen schlechten Eindruck, wenn durch persönlichen Druck Hirten eingesetzt werden, die nicht würdig sind.

Bischöfe sollten Gott und seine Ehre suchen – und nicht sich selbst, und von Stolz aufgebläht zwischen Reichtümern und den Eitelkeiten dieser Welt hin und her schwanken oder wie die Schweine leben. Oh Gott, doch nicht so!

Darum sage ich: Wiedererwerb des Verlorenen ist nur möglich durch das Gegenteil: durch Frieden und sittliche Reform. Ich hoffe auf Eure Heiligkeit, dass Ihr alles, was in Eurer Macht steht, für den Frieden einsetzten werdet.

Caterina von Siena, Brief an Gregor XI. Jan.1377

Segne diese Stadt

Im dichten Gepränge ist fast nichts zu sehen. Die Menschen kommen aus allen Teilen des Landes und der Stadt herbeigelaufen. Die ganze Stadt ist voll von ihrem Jubel. „Viva il Papa!“ In den Straßen Roms herrscht ein Geschiebe und Gedränge wie auf einem Jahrmarkt. Mitten in der tobenden Menge wird eine Ordensfrau zusammen mit einem Dominikanermönch förmlich mit der Masse geschoben.

„Ich sehe nichts, Raimondo“, sagt sie, während sie von allen Seiten gestoßen und gedrängt wird.

Der Bruder an ihrer Seite hält seinen schwarzen Ordensmantel um sie ausgebreitet, als wolle er ihre zerbrechliche Natur vor den Hieben und Stößen der Menschen schützen. „Ich sehe auch nichts, Caterina“, antwortet er.

Sie versucht weiter, sich eine Gasse zwischen den vielen Leuten hindurch zu bahnen. „Kommt doch, Raimondo. So kommt doch. Ich will es mit meinen eigenen Augen sehen.“ So schieben und drängen beide weiter, bis sie endlich am Rand der Straße ankommen, in der eine lange Prozession stattfindet. Über die Köpfe der vielen Zuschauer hinweg ist in einiger Entfernung eine mächtige, schwankende Sänfte zu sehen.

„Dort, dort sind sie“, ruft die Dominikanerin freudig aus und deutet auf den in goldener Pracht herannahenden Thron. Ihr Weggefährte bemüht sich, die von hinten drängenden Leute von seinem Schützling fernzuhalten, während vor ihnen eine endlos lange Prozession vorbeizieht. Ein nicht enden wollender Zug aus Bischöfen, Kardinälen, Ministranten zieht mit liturgischen Gesängen an ihnen vorüber.

Der auf der Sänfte schwankende Thron kommt allmählich näher. „Jetzt kann ich ihn sehen, Raimondo“, ruft sie aufgeregt aus. „Er ist es, Raimondo. Er ist es tatsächlich.“

Der von etlichen kräftigen Männern getragene päpstliche Stuhl kommt nahe an sie heran. Der, der darauf sitzt, ist kaum unter seinem goldenen Brokatgewand und der dreifachen, schweren Krone zu erkennen. Der Boden der Sänfte ist mit rotem Samt bespannt und ihm vorweg gehen Männer mit Pfauenwedeln. Es ist in der Tat ein pompöser Einzug in die Stadt.

„Viva il Papa“, jubelt die Menge, und: „Segne uns. Segne die Stadt.“

Der hier feierlichen Einzug hält, wendet sich segnend der Menge rechts und links von ihm zu. Plötzlich erkennt er im großen Gedränge seine treuen Weggefährten, ohne die er niemals hier in dieser Stadt wäre. Augenblicklich lässt er die Sänfte anhalten. Als er über der Ordensfrau, die an seinem Weg steht, den Segen spricht, sinkt sie andächtig auf die Knie. „Es ist vollbracht“, ruft sie zu ihm hinauf . „Es ist vollbracht.“

Der Papst, der sich hier und heute anschickt, die von der Kirche verlassene Stadt Rom zurückzuerobern, nickt kaum sichtbar, als sein ganzer Zug sich auch schon wieder in Bewegung setzt und er den vielen anderen Menschen seine Aufmerksamkeit widmet.

Als er vorbeigezogen ist, bahnen sich die Ordensleute ihren Weg zurück hinter die Reihen der Schaulustigen . Dann laufen sie so schnell sie können mit wehendem schwarzen Mantel, den sie über ihrem weißen Habit tragen, hinter den Menschen her bis vor eine gewaltige

Basilika aus rotem Ziegelstein. Dort drängen sie sich durch die vor Freude tobende Menge. Gerade am Hauptportal angekommen, sehen sie noch, wie die Sänfte schwankend im Eingang verschwindet. Als die beiden sich der Prozession anschließen wollen, wird ihnen mit gekreuzten Lanzen der Zutritt verwehrt.

„Tut mir leid", sagt der Soldat. „Niemand außer dem Adel, den Bischöfen und den Kardinälen ist zugelassen."

Anderes Wachpersonal beginnt damit, die hohen Flügel der schweren Bronzetür der Lateranbasilika allmählich zu schließen.

Noch während sie mit dem Wachmann spricht, wird die Tür direkt vor ihr verschlossen. Wie mit einem lauten, unüberhörbar dunklen Gong fällt das schwere Tor ins Schloss. Der Lateran, der Papstpalast, ist für die Öffentlichkeit wieder geschlossen .

Die Klosterfrau macht ein Kreuzzeichen über dem mächtigen Eingang, als wolle sie den Ort vor unbefugtem Zutritt schützen.

„Wer bist du, dass du dieses Tor segnest?", wundert sich der Soldat.

Geistesabwesend entgegnet sie: „Caterina. Caterina di Siena."

Als die Umstehenden ihre Worte hören, scheint es, als wende sich der ganze Jubel auf die vor den Toren des Lateran stehende Frau. Und auf einmal wandeln sich die Zurufe des Volkes in „Santa Caterina! Santa Caterina!" Es klingt, als wolle ganz Rom sich ihr zu Füßen legen. Immer lauter werden die Rufe der Menge vor der Lateranbasilika. Mit großen Sprechchören und italienischem Eifer rufen sie aus: „Santa! Santa! Santa!" Aber die Fenster bleiben verschlossen.

„Ich bin nicht heilig“, stößt sie hervor und schlägt die schwarze Kapuze übers Gesicht. „Bringt mich fort von hier, Raimondo. Bringt mich fort!“ Wieder legt er ihr seinen Mantel um und bahnt ihr den Weg durchs Volk, bis sie unerkannt hinter den Menschenmassen angelangt sind und die Rufe nur noch weit entfernt hören: „Santa Caterina!“

Erschrocken sieht sie den Begleiter an. „Sie sollen ihren Heiligen Vater willkommen heißen, Raimondo.“

Er bleibt ein wenig außer Atem neben ihr stehen. „Das werden sie, Caterina. Das werden sie.“

Noch immer schützend den Arm um sie gelegt, begleitet der Dominikanermönch die Ordensfrau durch die engen Gassen Roms. „Er wird mich vergessen, Raimondo“, sagt sie traurig. „Er hat mich schon vergessen.“

Der Freund an ihrer Seite bleibt stehen. Hinter ihnen türmen sich antike Mauern auf. „Ja, Caterina. Er wird Euch vergessen. Aber nur so lange, wie es braucht, um Nacht zu werden. Denn wenn die Nacht kommt, kennt er die Lampe, die ihm den Weg erleuchtet.“

Cesena 1377

Selbst Nero hat solche Grausamkeit nicht begangen. Was hier geschah, reicht aus, um den Menschen den Glauben zu zerstören.

Franziskaner von Cesena

Dies ist das unheilvolle Schicksal jener Völker, die der Kirche Gehorsam leisten. Wir beschuldigen nicht die menschlichen Gefühle des Papstes, denn wir sind überzeugt, dass er im Herzen mit diesem Vorfall nicht einverstanden ist. Wir bedauern allerdings, dass er noch kein Mittel gefunden hat gegen so viele schreckliche Freveltaten in seinem Namen.

Florentiner Salatini

Gott will den Frieden zwischen Euch und Euren Kindern, und er will, dass Ihr alles dafür tut, was in Eurer Macht steht! Oh weh! Es scheint nicht Gottes Wille zu sein, dass wir so viel auf Autorität und Besitz in weltlichen Dingen achten, dass wir den Blick verlieren für die Ermordung der Seelen und die Schmach, die wir Gottes Ehre antun. Der Schatz der Kirche ist das Blut Christi. Dieser Schatz wurde nicht bezahlt für die zeitlichen Besitztümer! Lasst das Gold der Welt fahren und wendet Euch dem Gold des Geistes zu.

Caterina von Siena, Brief an Gregor XI. Brief 209

Mein heiliger Schrecken

„Caterina, bist du es?“ Die Stimme des Fragenden hallt über einen endlos lang scheinenden Gang, dessen Fußboden aus weißem Marmor und dessen Wände aus schmucklosem roten Ziegel gemacht sind. Weit hinten am Ende dieses ungewöhnlichen Flures steht eine bronzene Tür offen, sodass der Blick über den Gang wie durch einen Trichter in den angrenzenden Raum hineingezogen wird. Dort sitzt jemand am Schreibtisch, dem Betrachter den Rücken zugekehrt. Ohne von seiner Tätigkeit aufzusehen, ruft er es noch einmal laut aus, sodass seine Stimme von den kahlen Steinwänden zurückgeworfen zu seinem Gast hinüberschallt: „Bist du es, Caterina, mein heiliger Schrecken?“

Und er erhält aus weiter Ferne donnernd zur Antwort: „Bis hierher habt Ihr Euch verkrochen und redet wie einst der König Israels, nachdem sein Weib siebenhundert Heilige gemordet hat!“ Ihre Stimme klingt kraftvoll und unnachgiebig, als sei sie tatsächlich zur Abrechnung hier erschienen. Dabei kommt sie mit wehendem Dominikanermantel durch den Gang, der mit Fackeln beleuchtet ist.

Der französische Bischof von Rom hinter dem Schreibtisch scheint gelassen, als er antwortet: „Soweit ich mich erinnere, hat der König Israels etwas anderes gefragt. Nämlich: „Bist du es, Elias, mein Todfeind?“ Er macht eine Pause, ohne sich umzusehen. Dann fährt er herausfordernd fort: „Also: Bist du es, Caterina, meine Todfeindin?“

Mit rauschendem Ordensmantel kommt sie näher. „Ich bin es! So wahr du der Mörder deines Volkes bist!“

Inzwischen steht sie in der Tür, und der Mann im roten Bischofsgewand fragt: „Wer hat dich eingelassen? Und was willst du von mir?"

„Das Wort des Herrn öffnet jede Tür. Ich bin gekommen, um die Schlange zu zertreten, die im Garten meines Herrn Angst und Schrecken verbreitet."

Langsam wendet er sich um und sieht sie an. Arglos fragt er: „Mich? Mich willst du zertreten, Caterina?"

Sie steht wie ein drohendes Strafgericht vor ihm: „Euch oder den, der Euch dazu getrieben hat. Zweitausend Tote liegen in Cesena. Die Kadaver von ermordeten Frauen, Kindern und Säuglingen in den Zisternen von Cesena stinken bis zum Himmel! Das Volk von Rom steht vor dem Kastell San Angelo und schreit nach Vergeltung. Um einen Hirten hatten die Lämmer gebeten und sie bekamen einen Schlächter!" Ihre ganze Haltung macht deutlich, dass sie außer sich ist vor Empörung und Verzweiflung.

Erst nach geraumer Zeit antwortet er betroffen: „Caterina, es geschah ohne mein Wissen und erst recht nicht in meinem Auftrag."

„Es geschah in Eurem Namen!", fährt sie ihn an.

„Und deshalb bin ich hier", antwortet er halbwegs gefasst. „Der Mob tobt, wie du schon sagtest, der Rückzug in die Burg schien mir der einzige Ausweg zu sein."

„Wozu noch einen Ausweg suchen?", eifert sie. „Um Euer jämmerliches Leben zu retten? Steht doch wenigstens ein für das, was hier geschehen ist."

Er aber sieht sie mit betrübtem Blick an. „Das will ich doch, Caterina. Aber wenn ich mich jetzt meinen Mördern stelle, wird es zwei Päpste geben. Ich als der Franzose in Rom bin der einzige, den beide Parteien als ihr Oberhaupt anerkennen. Deshalb hast du mich doch hergeholt, hast du das vergessen?“

Sie ist nah vor ihm stehengeblieben: „Muss ich wünschen, ich hätte es nicht getan?“

„Ich wünschte schon lange, ich wäre ich niemals gekommen, Caterina. Das ist die ganze Wahrheit. Und nun geh, wir haben nichts mehr zu bereden.“

Fassungslos steht sie da. „Ihr glaubt mir nicht“, flüstert sie erschrocken.

Er sieht nur wieder vom Schreibtisch zu ihr hin. „Nein“, sagt er noch. „Nie wieder werde ich einer Visionärin glauben.“

Im Innern tief erschüttert steht sie da und antwortet mit einem Kopfschütteln: „Mein Heiliger Vater, Ihr habt gemordet, nicht ich!“

Er aber wehrt ab: „Nein, Caterina, ich habe auch nicht gemordet. Aber ich werde den Preis dafür bezahlen müssen.“

Sie tritt nah an ihn heran. „Schickt mich jetzt nicht fort, mein lieber Babbo“, bittet sie ihn „Ich habe Euch immer den richtigen Weg gewiesen.“

Er sieht zu ihr hinüber. „Wer kann es wissen?“, fragt er resigniert.

Sie steht im flackernden Kerzenschein unmittelbar neben ihm und schiebt zum ersten Mal die Ärmel ihres Untergewandes über den Handrücken hoch. Er wendet sich ihr zu. „Als ich Euch in Avignon gegenüberstand“, beginnt sie, „da fragtet Ihr danach, und ich verleugnete es. Als Ihr mich bei der Wirtin in Genua aufsuchtet, da habt Ihr es nicht gesehen.“ Wortlos reicht sie ihm ihre Hände. „Babbo mio dolce“, sagt sie leise, „mehr kann ich für Euch nicht tun, um Eure Ängste und Zweifel zu zerstreuen.“

Er ist fahl und grau im Gesicht, als er verstört nach ihren Händen greift. Behutsam wendet er sie um. Gleichzeitig fällt sein Blick auf die nackten Füße. Im Innersten tief erschüttert, beugt der wichtigste Mann seiner Zeit sich zu ihr vor. „Sainte Caterine", flüstert er in seiner Muttersprache, „heilige Caterina, als Wir Avignon verließen, wurde Uns gedroht: Ich komme und klopfe an."

Sie blickt demütig auf ihn herab. „Ich erinnere mich. Der malatasca spielte mit Eurer Angst."

Er nickt. „Es war die Wahrheit. Denn wenn mich die Florentiner nicht töten, werden es die Römer tun und wenn es nicht die Römer tun, wird es die Kurie tun und wenn es nicht die Kurie tut, dann wird es die Königin von Neapel tun."

Sie lächelt mild, als könne sie all dies nicht erschüttern. „Was ich Euch damals sagte, gilt auch noch heute: Dann seid Ihr ein guter Hirte und gebt Euer Leben für die Schafe."

Rom 1378

Als ich bereits mehrere Monate die Leitung des Konvents in Rom hatte, kam eines Sonntags früh ein päpstlicher Bote zu mir, der mir den Auftrag überbrachte, mich zum Frühstück bei seiner Heiligkeit einzufinden. Ich gehorchte dem Befehl. Nach dem Essen rief mich der Papst zu sich und sagte: „Man hat mir geschrieben, ich werde Frieden haben, wenn sich Caterina von Siena nach Florenz begibt." Darauf antwortete ich: „Heiliger Vater, nicht nur Caterina, sondern wir alle sind bereit, Gehorsam zu leisten." Er aber sagte: „Ich will nicht, dass du gehst."

Raimund von Capua, Legenda maior Art. 421

Unsere pastorale Pflicht und väterliche Sorge bewegt unsere Gefühle zu diesem Aufruf an euch, einst gehorsame Söhne, jetzt der Finsternis und Korruption bestimmter Pestilenzen und Führer preisgegeben, von mächtigen Irreführungen und Lügen blind in einen Krieg geführt, lasst eure vom Gift der Verleumdung verdorbenen und von der Gier nach Macht völlig erblindeten Regenten, die euch mit dem Geist der Lüge umgarnen, zusammen mit ihren Argumenten kopfüber in den Abgrund des Bösen fahren.

August 1377, Gregor XI. an die Einwohner von Florenz

Entweder ich werde sie zerstören in der Weise, dass nicht einer wiedergefunden wird, oder sie werden Gottes heilige Kirche zerstören in der Weise, dass nicht ein Kleriker wiedergefunden wird, was, wie ich glaube, niemals geschehen wird.

Gregor XI. über seine Gegner

Frieden mit Florenz

Der Bischof von Rom beugt sich tief über den Schreibtisch und setzt seine Unterschrift unter ein Dokument. Während die Tinte auf der neuen Bulle trocknet, wendet er sich einem Dominikanermönch zu. „Was soll das heißen, Frieden mit Florenz?", fragt er ungehalten.

Der Bruder im schlichten Mönchsgewand antwortet mit Bedacht. „Nun, Eure Heiligkeit pflegte den Botschaftern von Florenz noch zu Avignon zu sagen, es werde Frieden geben, sobald Eure Heiligkeit wieder im Besitz der heiligen Kirche von Rom sei."

Der Mann mit der dunkelroten Pelerine um die Schultern lehnt sich im Stuhl zurück. „Das war eine Drohung", erwidert er ein wenig herablassend, „und kein Friedensangebot!"

„Gewiss", antwortet der Ordensmann, „da sich nun aber Bologna und Mailand bereits mit Eurer Heiligkeit versöhnt haben, wäre es doch angebracht, einen Friedensboten auch nach Florenz zu entsenden."

„Mit der Schlange schließt man keinen Frieden", wehrt er ab und wedelt dabei mit der Hand, als wolle er Mücken verscheuchen.

„Nein, mit der Schlange nicht, Eure Heiligkeit, aber mit den Bürgern von Florenz."

Auf einem kleinen Tisch stehen Oliven, Wein, Brot und Schinken, das gemeinsame Frühstück, zu dem der Papst seinen einzigen Vertrauten, Raimondo di Capua, heute Morgen eilig eingeladen hat. „Frieden mit Florenz", wehrt der Papst wieder ab. „Einst waren sie devote Söhne unserer heiligen Kirche. Dann aber fielen sie vom wahren Glauben ab und verstrickten sich in Finsternis und Korruption. Sie lassen sich blind führen von Anführern, die selbst verführt und verdorben sind von Lügen und Gier. Zusammen mit ihren Argumenten sollen sie zum Abgrund des Bösen fahren."

Erschrocken sieht sein Gegenüber den unnachgiebigen Papst an. „Eure Heiligkeit …"

Doch das Kirchenoberhaupt unterbricht ihn energisch. „Sagt den Florentinern das! Meinen Segen dazu habt Ihr."

Der Vertraute schüttelt den Kopf. „Geht nicht so mit Florenz um, Eure Heiligkeit. Sie werden es Euch sonst bitter heimzahlen, oder zumindest Eurem Gesandten."

„Die Florentiner wissen dies, ich habe es ihnen schon im Oktober persönlich geschrieben, und sie haben sich nicht geändert." Mit diesen Worten nimmt er die Feder wieder zur Hand. „Es kann nur eine Art von Frieden mit Florenz geben", sagt er dann.

Der Mönch mit dem schwarzen Mantel und dem weißen Habit tritt näher an den Schreibtisch heran. „Und die wäre?" will er neugierig wissen.

Der Pontifex richtet sich im Stuhl auf und fährt den anderen plötzlich an: „Entweder ich zerstöre Florenz oder Florenz wird die heilige Kirche zerstören!" Nach einer kurzen Atempause fragt der Kirchenfürst ruhig: „Stimmt Ihr mir darin zu, Raimondo?"

Für einen Augenblick steht der Ordensmann sprachlos da. Dann erwidert er: „Eure Heiligkeit, bevor Ihr dies tut, bitte ich Euch, entsendet mich als einen letzten Friedensboten nach Florenz. Ich weiß, Ihr habt über so viele Jahre diesen abtrünnigen Söhnen Eure Hand freundlich entgegengehalten. Zieht sie jetzt nicht ganz zurück."

Seinem Gegenüber sind starke Schmerzen anzusehen, als sich dessen Gesicht in Krämpfen verzerrt. „Raimondo", lenkt er dann ein, „wie viel Zeit bleibt mir noch, um die Kirche zu retten?"

Der zuckt mit den Schultern. „Das liegt allein in Gottes Hand."

Der Papst, dem er treu zur Seite steht, schüttelt den Kopf. „Nein, lieber Raimondo, es liegt wohl mehr in der Hand des *malatasca*, wie Caterina ihn zu bezeichnen pflegt."

„Eure Heiligkeit, Ihr bitte Euch, Ihr seht die Dinge allzu düster."

Sein hochrangiger Gastgeber wehrt energisch ab. „Nein, Raimondo, ich bin Realist und kein Träumer. Sie werden mich töten und die heilige Kirche in höchste Verwirrung stürzen."

Betroffen schaut der Mönch ihn an. „Wer sollte das tun? Wer?"

Lange Zeit antwortet der französische Papst auf dem römischen Stuhl nicht. Dann erwidert er resigniert: „Die Florentiner, die Königin von Neapel, die Kurie in Avignon …" Erschöpft von der ständigen Bedrohung hält er inne.

Und sein Begleiter nimmt die Überlegung auf: „… die Kurie in Rom?"

Die Antwort ist nur ein stummes Nicken.

Der treue Ordensmann und Abt von Santa Maria sopra Minerva in Rom geht vor seinem höchsten Herrn auf die Knie. „Ich will es verhindern, Eure Heiligkeit! Sagt mir, wer es ist und was ich tun soll."

Der andere stöhnt unter Schmerzen auf. „Ich hätte nicht mit Euch gemeinsam essen sollen", beginnt er, „mein Steinleiden quält mich heute Morgen zu sehr."

Der Freund lässt sich nicht ablenken. „Wer behauptet, dass Eure Heiligkeit im eigenen Hause in Gefahr sei?“

„Der Kardinal von Marmoutier, Gérard de Puy, gab zu, dass zumindest ein bestimmter Kardinal aus der Kurie meinen Tod beschleunigen wird. Wenn die Steine mich nicht umbringen, will dieser es so bald wie möglich tun. Den Namen nannte er nicht.“

Fassungslos schüttelt der Dominikaner den Kopf. „Also keine Friedensverhandlungen mit Florenz, sondern einen Mörder suchen, bevor er Euch zuerst findet?“, fragt er dann.

Der Papst winkt ab. „Wenn wir den einen haben, werden neue kommen. Die französische Kurie darf sich nicht von der römischen Kurie trennen. Das wäre das Ende unserer Kirche und unseres Glaubens. Aber wenn man mich tötet, wird genau dies geschehen.“

Seinem Freund steht der Schrecken ins Gesicht geschrieben. „Mein Gott, es ist so, wie unsere Jungfrau Caterina es gesagt hat, Eure Heiligkeit.“

„Was hat sie gesagt?“

„Dass ein Frevel, eine Art Häresie über uns kommen werde, eine Spaltung der Christenheit.“

Der Papst lehnt sich wieder zurück. „Soll ich je wieder einer Visionärin glauben? Sie hat gesagt, mir werde nichts geschehen, wenn ich nach Rom zurückkehre. Und jetzt seht Euch diese tödliche Gefahr an.“

Der gute Freund schüttelt leise den Kopf. „Nein, Eure Heiligkeit, so hat sie es nicht gesagt. Sie hat Euch aufgefordert, nach Rom zu gehen, und hier seid Ihr.“

„Wozu denn, wenn man mich tötet und dies die Spaltung der Kirche bedeutet? War es richtig, auf sie zu hören?“

„Das Petrusamt musste ans Petrusgrab zurückkehren.

Alles andere ergibt keinen Sinn, Eure Heiligkeit, oder wolltet Ihr eine Kirche, die abhängig von den Königen Frankreichs und Neapels ist?“

Nachdenklich dreht der Pontifex die Schreibfeder in der Hand. „Ach, Caterina, mein heiliger Schrecken. Schickt sie nach Florenz, Raimondo. Lasst sie den Florentinern das Friedensangebot der heiligen Kirche überbringen.“

Der geistliche Bruder schüttelt den Kopf. „Sie geht nicht diplomatisch vor, Eure Heiligkeit.“

Er lächelt zum ersten Mal. „Ich auch nicht, Raimondo. Schickt sie mit folgender Botschaft nach Florenz: Wer sich der heiligen Kirche unterwirft und um Vergebung bittet, wird Vergebung erfahren, genauso wie sie die Abtrünnigen der Florentiner schon vor einem Jahr erfahren haben. Ich verspreche eine Amnestie für Florenz.“ Er macht eine kurze Pause und fährt dann fort: „Schickt sie los, Raimondo, niemand ist dazu besser geeignet.“

„Bei allem Verständnis, Eure Heiligkeit, sie ist eine Frau aus dem Ordensstand, und ihre Gesundheit ist mindestens so schwach wie die Eure. Es ist gefährlich für unsere Jungfrau.“

„Sie wird gehen und niemand sonst. Sie hat den Feueratem, den man braucht, um Florenz in die Knie zu zwingen.“

„Dann werde ich unsere gute Mutter begleiten“, erklärt der Ordensmann entschlossen.

„Nein, Raimondo, Euch brauche ich an meiner Seite, wenn es nicht noch vor dem Frieden mit Florenz zum Bruch in der Kirche kommen soll.“

Der Dominikaner zögert. „Ich bin ihr Beichtvater, ich kann sie nicht allein reisen lassen.“

„Schickt sie fort, Raimondo, so weit wie möglich weg von den Gifttöpfen in Rom und in Neapel. Florenz wird sich beugen, so wie sich alles vor Gott und seinen Heiligen beugen muss."

Der Abt von Santa Maria sopra Minerva stimmt zu. „Gut. Ich werde ihr den Befehl Eurer Heiligkeit überbringen."

Sein Gegenüber beugt sich unter Schmerzen im Stuhl. „Lasst alle notwendigen Dokumente für die Mission von Caterina anfertigen und auch meine persönlichen Sendschreiben."

Der Ordensmann nickt. „Bis wann braucht Eure Heiligkeit die Sendschreiben?"

Der Pontifex sieht ihn mit klarem entschlossenen Blick an. „Jetzt! Noch heute!"

Um keine Zeit mehr zu verlieren, erhebt sich der Gast, küsst die Hand mit dem Bischofsring und verlässt umgehend das Arbeitszimmer des Papstes. Der ruft ihm nach: „Caterina soll sich unverzüglich auf den Weg machen."

Wieder allein mit seinen Sorgen und dem vergoldeten Kreuz vor Augen fragt er: „Ist es nicht Sache des Hirten, ein verlorenes Schaf zurückzuholen, auch wenn er dabei die ganze Herde zurücklassen muss?" Und ihm ist, als hörte er auf einmal eine Antwort: „Nicht, wenn der gute Hirte sein Leben für die Schafe gibt."

Rom, März 1378

Die heilige Jungfrau sprach: „Bald werdet Ihr sehen, was die Geistlichen Schlimmes tun werden." Ich war verwundert, sie aber entgegnete mir: „Wenn der Papst sie ihrer verworfenen Sitten wegen zurechtweist, werden sie in der heiligen Kirche für einen Skandal sorgen, der die Kirche in eine verderbliche Häresie spalten wird." Ganz betroffen und wie von Sinnen wandte ich ein: „Werden wir denn eine Häresie bekommen?" Sie erwiderte: „Es wird nicht eine regelrechte Häresie sein, aber doch eine Ketzerei, die zur Spaltung der ganzen Kirche und Christenheit führt."

Raimund von Capua, Legenda maior Art. 286

Die Königin von Neapel hatte sich zu dieser Zeit gegen die Kirche erhoben. Wie groß aber die späteren Drangsale waren, sowohl für sie und für ihr Königreich, das weiß jeder, der seine Heimat kennt. Wenn du also nicht ganz verblendet bist, lieber Leser, kannst du die Sehergabe der heiligen Jungfrau Caterina erfassen. Sag aber nicht, – wie ein zweiter Ahab – dass sie uns nichts Gutes prophezeit hat.

Raimund von Capua, Art. 289, 335

In Erinnerung der bekannten Angelegenheit. Mit den zukünftigen Gefahren und den sehr ernst zu nehmenden Schwierigkeiten, die die heilige Kirche Gottes mit einer langen Sedisvakanz befallen mögen, sowie in der Annahme von Kriegsausbrüchen und aus verschiedenen anderen Gründen wünschen wir diesem vorzubeugen und haben entschieden und sprechen dies hier mit unserer apostolischen Autorität in diesem Dokument aus: Für den Fall, dass wir von jetzt bis September dieses Kalenderjahres sterben sollten, dass die anwesenden Kardinäle der Römischen Kurie oder eine größere Anzahl von ihnen, jene abwesenden nicht zusammenrufen noch auf sie warten, mögen sie legal die Wahl des neuen Pontifex an einem Ort ihrer Bestimmung durchführen und dann mit einer Mehrheit unter ihnen diese Wahl abzukürzen.

Gregor XI., 19. März 1378

Meine Provinzen sind durch Anarchie zerrissen, die Söldnertruppen schreien nach Sold und die Königin von Neapel, meine einzige große Stütze, schielt nach meinem Feinde. Keine Feder vermag zu beschreiben, wie groß meine Not ist. Ich bin so tief in Sorgen, dass ich es nicht mehr zu Papier bringen kann.

Gregor XI. an den Nuntius v. Neapel

Jemand hat ans Tor geschlagen

Leise gesprochene Worte sind im düsteren Gebälk eines Turms zu hören. Es ist dunkle Nacht. Alles erscheint grau in der Finsternis: die Menschen, die Holzbalken und die fensterlosen Wände. Steile Holzstiegen führen höher hinauf. Morsches Gebälk im Glockenstuhl knarrt bedrohlich. Auf Leitern stehen Männer, deren Körper wie graue Schatten aussehen. Draußen vor der Stadt pocht es laut und eindringlich ans Tor eines Wachturms.

Auf der unteren Plattform wartet ein Mönch und hält die unterste Leiter zur Sicherheit fest. Sie alle hier scheinen in ein schwieriges Unternehmen verwickelt zu sein.

Besorgt starren sie hinauf zu den anderen. Niemand wagt zu reden oder sonst ein Geräusch zu machen. Sie stehen da und halten erschrocken den Atem an. Dicke Taue hängen in eine unergründlich schwarze Tiefe hinab. Lange Zeit geschieht nichts. Auf jeder der angestellten Leitern steht ein Mensch, als warte er dort auf etwas. Ein paar andere kommen vorsichtig die steilen Leitern herabgestiegen. Sie tragen dabei Schweres mühsam auf dem Rücken. Am Ende einer Leiter angelangt, wird die Last auf die Schulter des Nächsttieferstehenden gelegt, bis die unten Wartenden im Grau der Nacht langsam erkennen können, dass es sich um einen menschlichen Körper handelt. Sie sehen einander betroffen an. „Mein Gott“, fragt einer der Anwesenden, „was hat er dort oben gesucht?“

Der Mönch erwidert resigniert: „Den Schutz des Herrn.“ Dann schweigen sie wieder und starren ungläubig hinauf.

Inzwischen ist der Abstieg aus schwindliger Höhe fast geschafft. Dem Letzten auf der unteren Leiter wird der geschwächte Körper auf die Schultern gelegt. Er trägt ihn den restlichen Weg hinunter. Das Gesicht des nur mit dem Hemd bekleideten Mannes schimmert fahl in der Finsternis, bis der Träger auch die letzten Meter herabgestiegen ist.

„Gib mir das Tuch“, bittet einer der Ordensleute und greift nach einem Laken. Ihnen bleibt vor Schreck fast der Atem stehen, als sie nun ihre Arme mit dem ausgespannten weißen Laken dem Helfer entgegenstrecken, um ihm die Last abzunehmen. Vorsichtig und schweigend lässt dieser den fahlen Körper in ihre Arme gleiten.

Behutsam legen sie den Schwerstkranken auf den Holzboden der Plattform. Der Schmerz, den sie dabei empfinden, zeigt sich in ihren starren, dunklen Augen.

Der Mönch kommt hinzu und breitet seinen schwarzen Mantel über den Körper aus.

Inzwischen haben sich alle um den Kranken versammelt und starren ihn sprachlos an.

„Es ist das Fieber!", ruft einer aus. Aber er blickt nur in beklemmte finstere Gesichter. Niemand antwortet.

In seiner Aufregung packt er den Arm des Ordensmannes: „Padre Raimondo", bittet er, „was ist hier geschehen? Heute Morgen war er noch gut beisammen und hat seinem Sekretär viele Briefe diktiert."

„Ich weiß es auch nicht. Ausgerechnet jetzt, da unsere Jungfrau Caterina sich auf seine eigene Anweisung hin in Florenz aufhält."

„Wenn er stirbt, wird es keinen Frieden mehr mit Florenz geben", wirft ein anderer ein, „denn da ist niemand, den sie dann noch fürchten."

Der Ordensmann schüttelt den Kopf. „Caterina ist dort", sagt er bestimmt.

Ein anderer tritt hinzu. „Ein Skandal ist das", schimpft dieser. „Ich habe doch heute Morgen noch mit ihm gesprochen. Der Umzug nach Rom, die Verhandlung mit Florenz, die Abspaltung von Frankreich, das drohende Schisma. Vor wem oder was war er auf der Flucht?"

„Das fragt Ihr noch", erwidert der Mönch, „nach allem, was Ihr mit ihm erlebt habt? Es ist schwerer, gegen Plagegeister zu kämpfen als nur gegen Menschen. Er wollte seine heilige Kirche vor den Boten der Unterwelt schützen."

Die anderen nicken bedächtig mit dem Kopf. „Wenn er jetzt stirbt, zerbricht die Kirche. Bringt ihn vorsichtig hinunter und seht zu, dass euch niemand sieht. Besticht die Wachen und tragt ihn zurück ins Bett."

Während sie den Ohnmächtigen davontragen, flüstern sie miteinander. „Ob es Gift war?"

„Das Gift einer Schlange war es bestimmt", erwidert der Mönch, „der Schlange, die ihn sein ganzes Leben lang in Atem gehalten hat."

„Ich verstehe das nicht."

„Er war in große politische und seelische Not geraten", erklärt er, „aber anstatt nach Caterina zu schicken, schickte er nach der Gegenseite."

„Du meinst die Königin von Neapel?"

Der Bruder im weißen Habit nickt.

Behutsam tragen sie den geschwächten Leib auf dem Laken durch dunkle Gewölbe. Während sie weiter den unfreiwilligen Rettern folgen, fragt der Ordensbruder: „Johanna von Neapel war also die andere Visionärin, von der er schon in Frankreich sprach." Dabei nickt er bedächtig. „Ich glaube, ich verstehe nun auch, was er kürzlich noch zu uns gesagt hat."

„Was denn?", wollen sie wissen.

„Traut niemals einer Visionärin, die von Gott nicht ausgezeichnet ist", erklärt er betroffen. „Wir glaubten alle, er meinte Caterina, und waren empört. Aber jetzt verstehe ich seine Worte."

Sie haben die Wohnräume des Gebäudes erreicht, als sie stehen bleiben und fragen: „Raimondo, er muss gewusst haben, in welch düsterer Gefahr er schwebt."

Inzwischen sind sie in einem dunklen Raum mit verhängten Fenstern angelangt. Den Kranken haben sie zurück ins Bett gelegt. Sein Atem ist schwach, bis einer bemerkt: „Er hält etwas in seiner Hand." Als sie sich daran machen, ihm die Hand zu öffnen, stöhnt der Sterbende laut auf. „Caterine, ma Sainte, fait ta prière pour nous", sagt er leise auf Französisch. Die verkrampfte Hand löst sich und ein großer eiserner Schlüsselbund fällt auf den Boden.

„Die Schlüssel zur Engelsburg“ , flüstern sie leise und decken den Toten mit dem weißen Laken zu, „die hatte er dort oben versteckt, weil er niemandem mehr trauen konnte.“

Sie knien in düsterer Stimmung am Totenbett, als die Wachen in großer Panik ins Zimmer kommen und aufgebracht schreien: „Es ist Unheimliches geschehen. Gerade wurde an die Porta von San Frediano geklopft und jemand hat laut gerufen: Öffnet das Tor für den Friedensboten!“

Sie blicken in die fragenden Gesichter der Anwesenden und erklären „Aber niemand war dort. Keine Menschenseele.“

Mit dunklem Klang schlägt die Glocke hoch oben im Turm zwölf Mal zur Mitternacht. Sie läutet eine finstere Zeit ein, die Nacht zum 28. März 1378 und die Todesstunde von Papst Gregor XI. Auf seinem Schreibtisch liegt noch sein zuletzt aufgesetzter Erlass:

„Bischof Gregor,
Diener der Diener Gottes,
sendet der geliebten Tochter in Christus,
Caterina aus Siena,
die unter dem Habit der Bußschwestern
des hl. Dominikus dient,
Heil und Apostolischen Segen.
Da du von reiner Hingabe zu Uns
und der Römischen Kirche erfüllt bist,
verdienst du es,
dass Wir deinen Bitten zustimmen …“

Papst Gregor XI.

Florenz Juni 1378

Vor Gott und den Menschen kann ich bezeugen, da ich selbst es gehört und übersetzt habe, dass Papst Gregor XI. den Frieden in die Hände der Jungfrau legte, indem er sprach: Damit du klar siehst, dass ich Frieden will, lege ich ihn einfach in deine Hände, vergiss aber nicht, dass dir damit auch die Ehre der Kirche anvertraut ist.

Raimund von Capua, Legenda maior III, Art. 419

Ich kann es bezeugen, lieber Leser, dass die heilige Jungfrau von Papst Gregor XI. den Auftrag erhielt, nach Florenz zu reisen, um zwischen dem Hirten und den aufrührerischen Schafen zu vermitteln. Dabei musste sie viele Ungerechtigkeiten auf sich nehmen. Allen Drohungen und Verfolgungen zum Trotz war sie nicht zu bewegen, Florenz zu verlassen, ehe nicht Urban VI. nach Gregors Tod mit den Florentinern Frieden geschlossen hatte.

Raimund von Capua, Legenda maior III, Art. 332

Als sie wie Christus im Garten betete, kamen die Spießgesellen (der gewalttätigen Fraktion des Aufstandes von Florenz) mit Schwertern und Knüppeln und schrien: Wo ist das böse Weib? Dem mit dem gezückten Schwert ging sie entgegen, kniete sich nieder und sagte: Ich bin Caterina! Mach mit mir, was Gott dir verfügt. Aber im Namen des Allmächtigen gebiete ich dir: Tue keinem der Meinen etwas zuleide! Durch diese Worte wurde der Ruchlose so sehr aus der Fassung gebracht, dass er die Kraft nicht aufbrachte, sie zu töten. – Sie klagte zutiefst berührt und unter

Tränen: Ach ich Elende, ich dachte der Allmächtige würde mir heute die rote Rose des Martyriums verleihen.

Raimund von Capua, Legenda maior III, Art 425

Schließlich aber lebte sie frei und offen, bis endlich nach dem Tod Gregors XI. zwischen dem neugewählten Papst Urban VI. und den Florentinern der Friede ausgehandelt, geschlossen und in der Stadt verkündet war.

Rainmund von Capua, Legenda maior III, Art. 427

Die oben genannten Zeugen erzählen in ihren Schriften, dass ihnen jene qualvollen Leiden Caterinas schrecklich erschienen und für jemanden, der nicht von der besonderen Gnade Gottes gestärkt wird, wohl kaum zu ertragen gewesen wären.

Raimund von Capua, Legenda maior III, Art. 363

Die rote Rose

An einer mit Kalk getünchten Zimmerwand lehnt ein junger Mann. Der Raum ist nicht sehr groß, gerade so, dass eine schlichte Liege und ein Besucherstuhl darin Platz haben. Auf dem mit Stroh gepolsterten Lager liegt eine Frau im weißen Ordensgewand. Der schwarze Mantel dient ihr als Decke. Sie spricht nicht und fährt nur immer wieder mit der mageren Hand durch die Luft. Dann plötzlich ruft sie laut aus: „Jesus, hilf mir. Herr, eile, mir zu helfen.“ Dann schweigt sie wieder für lange Zeit.

Ihr Begleiter sitzt wortlos dabei, schon seit Stunden, eigentlich seit Tagen. Oder sind es inzwischen schon Wochen?

Den Kopf an die Wand gestützt, starrt er vor sich hin, so scheint es. Nur seine Finger bewegen sich leise im Rhythmus und zählen die Perlen an einer Schnur, immer wieder und immer weiter. Er betet das Rosarium, so wie es die Ordensregel verlangt, wenn ein Bruder oder eine Schwester dahingeht. Neben sich hat er Schreibpapier und Feder bereit gelegt.

„Barduccio“, hört er sie auf einmal flüstern.

Sofort wendet er sich ihr zu und legt seine Hand auf die ihre. „Ja, Mutter.“

„Barduccio, was tust du, mein Sohn?“

„Ich bete, dolce Caterina, denn ich sehe, dass du einen schweren Kampf kämpfst.“

Sie stöhnt laut und bestätigend auf. Und nach einer Weile fährt sie fort: „Das Beste kommt aus Florenz.“

„Wie meinst du das, Caterina?“

„So lange kämpfte Papst Gregor gegen Florenz und ahnte nicht, welche Schätze dort verborgen sind, du, mein liebenswerter Barduccio, dein Vater, deine ganze Familie.“

Er lächelt. „Was hätte er gesagt, wenn er gewusst hätte, dass es ausgerechnet ein Florentiner ist, den du dir zum Sekretär deines Buches erwählt hast?“

„Freude hätte er gehabt. Er wollte keinen Streit. Der Frieden mit Florenz ist sein Werk, nicht das meine“, wehrt sie ab. „Ich war nur gesandt, ich kam in seinem Namen und nicht im Namen von jemand anderem. Bedenke, zur gleichen Zeit, als ich den Friedensschluss in Florenz erwirkte, da starb er in Rom.“

„Er hat dich in Florenz Tod, Verfolgung und großer Bedrängnis ausgesetzt.“

„Ja, und wie sehr hoffte ich damals, dass auch ich – wie er bereits vor mir – die rote Rose des Martyriums gereicht bekäme. Stattdessen überlebte ich alle Drangsale, weil der Herr ihm den Vorzug gab und mich für nicht würdig befand."

Der junge Mann an ihrer Seite überlegt kurz und antwortet dann: „Mutter, seit Wochen bist du hier ans Bett gebunden, leidest seit Wochen Todesschmerzen und kämpfst den guten Kampf. Ich sehe doch, dass dir nicht nur Schmerz, sondern auch die Plagegeister zusetzen."

Sie nickt schwach. „Wo das Aas ist, da versammeln sich die Geier", haucht sie, „oder glaubst du, Jesus, meine ganze Liebenswürdigkeit, wäre nur von Menschen gequält worden?"

„Du meinst, er war nicht nur Spöttern und Übeltätern ausgeliefert, sondern auch der Unterwelt?"

Sie flüstert schwach: „Sein Martyrium ist mit dem eines Menschen, und sei es noch so arg, nicht vergleichbar."

„Die heilige Brigitta von Schweden hat es im Kreuzweg gesehen", überlegt er.

„Wer ihm nachfolgt, hat es mit Menschen, Krankheiten, Schmerzen und den Plagegeistern zu tun, mein Sohn."

„So hat unser Herr dir, geliebte Mutter, die rote Rose nun doch noch gereicht. Schlimmer noch als gegen Menschen zu kämpfen, so sagt es Vater Raimondo, ist es, gegen Plagegeister zu kämpfen. Denn Menschen werden müde zu quälen, Plagegeister nicht."

Sie seufzt auf und dämmert weiter dahin. Der junge Mann nimmt die Perlenschnur wieder auf und betet, betet, betet.

Plötzlich hört er sie rufen: „Niemals eitlen Ruhm! Niemals eitlen Ruhm! Nur zur Ehre Gottes!" Dem anwesenden Freund ist es, als kämpfe sie hier auf ihrem

Sterbebett in Rom ihren letzten und größten Kampf. Als die Tür zu ihrem Zimmer sich öffnet, kommt ein junger Mann hereingestürmt und wirft sich ohne Aufforderung vor ihrem Krankenlager nieder. „Heilige Mutter, heilige Caterina", ruft er dabei tief bewegt aus, „es ist tatsächlich wahr! Du hast in dieser Nacht im Traum nach mir gerufen."

Die Todkranke öffnet ihre Augen. „Stefano, mein treuer Gefährte", spricht sie zu ihm, „sagte ich dir nicht, wenn du den Ruf hörst, dann komme unverzüglich?"

Unter Tränen nickt ihr weltlicher Sekretär. „Ich habe ihn in dieser Nacht gehört, dolce Caterina, und ich bin unverzüglich zu dir nach Rom geeilt."

Sie stöhnt leise auf, während sich ihr Krankenzimmer mit Besuchern füllt. „Stefano, meine Freude. Der Herr will dich in den Stand der Demut aufnehmen."

Der junge Mann in weltlicher Kleidung nickt, als sie weiterspricht: „Stefano, mein Sohn, ich befehle dir, sobald ich von euch gegangen bin unverzüglich zu den Kartäusern in Siena zu gehen und dort um Aufnahme zu bitten."

Die Umstehenden sehen sich verwundert an. Ihm, der sich nie so recht für das Ordensleben hat entscheiden können, erlegt sie den Eintritt in einen der strengsten und kontemplativsten Orden auf. Aber Stefano nickt nur noch einmal unter Tränen. Ein überzeugtes „Ja" ist alles, was die Anwesenden von ihm hören. Und zum Ende wird er, der sie nach Florenz, nach Avignon, nach Rom begleitet hat, es sein, der dafür sorgt, dass das, was dort geschehen ist, der Welt nicht verloren geht. Aber das ahnt an diesem Sonntag vor Christi Himmelfahrt niemand von ihnen.

Zu ihrem anderen treuen Begleiter gewandt, der schon

seit Tagen bei ihr ausharrt, sagt sie: „Lieber Barduccio, wegen deiner schwachen Gesundheit soll dir die Strenge des Ordenslebens erspart bleiben, obwohl du immer unter dem Schutz der Dominikaner leben sollst.“ Der noch jugendliche Freund hustet und betet, betet und hustet, und sie alle ahnen schon, dass er seiner Lehrerin bald schon nachgehen wird. „Barduccio, ich unterstelle dich dem persönlichen Schutz von Vater Raimondo. Er wird für dich sorgen.“ Und dann fügt sie hinzu: „Werde ein guter Priester, mein Sohn.“

Und zu den anderen, die inzwischen betroffen an ihr Bett geeilt sind, erklärt sie: „Raimondo, der zur Zeit in Genua ist und nicht bei uns sein kann, soll Vater für euch alle sein. Geht zu ihm, mit allem, was euch bedrückt. Er wird das Richtige tun, denn ich bin ja bei ihm und verlasse ihn und auch euch nicht.“

Als der Nächste zur Tür hereinkommt, drängt er sich gleich bis zum Krankenlager vor. „Die päpstliche Bulle der Absolution. Hier ist sie, wie du es mir aufgetragen hast.“ Er rollt das hochoffizielle Pergament mit dem päpstlichen Siegel auseinander und erklärt: „Dolce Caterina, hier ist die Bulle des Papstes Gregor XI., der dich kraft seines Amtes von allen Verfehlungen losspricht und dir vollkommenen Ablass gewährt.“

Erleichtert stöhnt sie auf. „Er hat es also doch getan.“

Der Freund, der mit der Nachricht kommt, erwidert: „Caterina, der Ablass ist bereits aus dem Jahr 1374. Er hat von Anfang an für dich vorgesorgt.“

Zum ersten Mal zieht ein Lächeln über das fahlgraue Gesicht, und der Dominikaner fährt fort: „Und Papst Urban VI. hat diesen Ablass bestätigt.“

Sie lächelt wieder. „Ich sage euch, Urban VI. ist der richtige und einzige von Gott in diese Pflicht berufene

Papst. Lauft keinem anderen nach. Denn es werden schwere Zeiten über die heilige Kirche hereinbrechen. Die Königin von Neapel, die schon Papst Gregor verwirrt und nach seinem Tod ihre Schergen in die Heilige Stadt geschickt und das Leben vieler guter Menschen dort auf dem Gewissen hat, ist durch Urban endgültig enttarnt. Dies ist mein letzter Auftrag an den Heiligen Vater Urban: „Vertreibe die falsche Königin aus deiner heiligen Kirche."

Der päpstliche Bote nickt. „Schon morgen wird sie verhaftet und exkommuniziert sein. Das versprach er mir."

Ein letztes Mal stöhnt sie auf. „Dann kann ich gehen, guter Freund." Sie fällt in einen tiefen Dämmerschlaf, und nach einiger Zeit ruft sie noch einmal wie Paulus aus: „Ich habe den guten Kampf gekämpft." Ihre Anhänger nicken zustimmend, sogar ihre Mutter Lapa, die die geistlichen Brüder eilends aus Siena nach Rom geholt haben. Barduccio betet unermüdlich weiter das Rosarium, wie sie es nennen, das Rosengeflecht.

Das Gesicht der Sterbenden scheint zu leuchten und alle Qual wie verschwunden, als sie ein letztes Mal spricht: „In deine Hände lege ich meinen Geist." Einer der Brüder legt ihr eine aufgeblühte rote Rose in die gefalteten Hände. „Amen", sagt er. Sonst nichts.

Du aber, Heilige Dreifaltigkeit,
hast mit Deinem Licht
meine Nebel durchdrungen.

Caterina von Siena, Dialogus

Papst Gregor XI.

Papst Gregor XI. stirbt am 27. März 1378, ein Jahr nach seiner Rückkehr in die Apostelstadt, im Alter von achtundvierzig Jahren. Die Umstände bleiben ungeklärt. Er hinterlässt seinen wenigen Vertrauten in der Todesnacht die Schlüssel zur Engelsburg für seinen Nachfolger, eine Verfügung zur Neuregelung und Beschleunigung des Konklave sowie zwei Bullen, die Caterina noch einmal in ihrer Mission bestätigen. Er wird nicht in den römischen Hauptkirchen, sondern in der Kirche San Francesco im Forum Romanum beigesetzt.

Schon am 8. April 1378 wird Bartolomeo Prignano, ein Italiener, zum Papst gewählt. Er nennt sich Urban VI. Caterina wird in Florenz überfallen und entgeht nur knapp einem Mordanschlag. Sie zieht sich in eine Einsiedelei zurück. Im Juli schließt Urban VI. nach Caterinas Rückkehr den lang ersehnten Frieden mit Florenz.

Die Königin von Neapel fällt mit ihren Truppen in Rom ein, um den neuen Papst zu töten. Viele Römer verteidigen ihren italienischen Papst tapfer und verlieren auf grausame Weise ihr Leben. Für Gregor, den französischen Papst, der in ihren Augen noch den Makel von Cesena in ihren Augen trug, hätten sie vielleicht nicht so bereitwillig ihr Leben gegeben. Anarchie in der überwiegend französischen Kurie wäre die Folge gewesen, eine geregelte Papstwahl hätte nicht stattfinden können und Rom wäre vielleicht auf immer verloren gewesen. Papst Urban dagegen wird von seinen Landsleuten geschützt. Er flüchtet in die von Gregor bereits vorbereitete Engelsburg und überlebt.

Robert von Genf lässt sich von der Königin von Neapel zum Gegenpapst ausrufen. Nach der Schlacht bei Marino gegen das päpstliche Heer muss er sich nach Avignon zurückziehen. Das große abendländische Schisma beginnt. Urban nimmt die Königin von Neapel gefangen. Caterina leistet ihm die gleiche Unterstützung wie zuvor Gregor. Urban lässt sie, wohl als einzige Frau, vor seiner Kurie predigen.

Caterina überlebt Gregor nur um zwei Jahre. Sie stirbt von ihrer schweren Aufgabe ausgezehrt am 29. April 1380 in Rom im Alter von nur dreiunddreißig Jahren. Johanna von Neapel wird am 30. April 1380, also unmittelbar nach Caterinas Tod, von Urban VI. exkommuniziert und verhaftet. Sie stirbt im Gefängnis.

Das große abendländische Schisma, das Caterina Gregor bereits zu seinen Lebzeiten vorausgesagt hat und das mit seinem Tod tatsächlich eintritt, wird sechzig Jahre später durch den von Jeanne d´Arc protegierten französischen König Karl VII. beendet, indem er als erster König Frankreichs seit Beginn des Schismas wieder einen römischen Papst als Oberhaupt der Kirche anerkennt.

Ich gestehe,
dass ich Caterina damals
nicht verstanden habe.
Ich glaubte nämlich,
all dieses müsste sich zur Zeit
des Papstes Gregor XI.
ereignen.

Aber erst als Papst Urban VI. folgte,
sah ich, dass das Schisma
seinen Anfang nahm
und erkannte im Licht des Glaubens,
dass sich alles verwirklichte,
was Caterina
vorausgesagt hatte.

Raimund von Capua

II. Teil

Quo vadis domine? – Wohin gehst du, Herr?

Begegnung auf dem Weg: Caterina und Gregor XI.

Als Petrus aus Rom flüchtete, soll er der Legende nach Jesus begegnet sein, der ihm auf seine Frage „Wohin gehst du, Herr?“ geantwortet haben soll: „Ich gehe nach Rom, um mich ein zweites Mal kreuzigen zu lassen.“ Daraufhin kehrte Petrus um und wurde in Rom gekreuzigt. Gregor XI. muss als neuer Petrus einen ähnlichen Schritt vollziehen und braucht Gottes Beistand, genauso wie einst der Apostel. Dieser Beistand ist eine schwache Frau, die umso stärker im Geiste wirkt: Caterina von Siena.

Unmittelbar vor dem Castel Sant-Angelo, der Fluchtburg der römischen Päpste, steht mächtig und erhaben eine große steinerne Statue: eine junge Frau in mittelalterlicher Nonnentracht mit einem Ölzweig in den Händen. Ein Granitblock daneben erzählt in vier Bildern ihre Geschichte: die bedingungslose Hingabe an die Menschen und ihr Eintritt als Mantellatin in den noch jungen Orden des hl. Dominikus, ihr geistlicher Beistand bei der Enthauptung eines politisch Verfolgten, ihr Einsatz für einen dauerhaften Frieden zwischen den weltlichen Mächten und dem Kirchenstaat, damit verbunden ihre Stigmatisierung und zuletzt ihr großer Einfluss auf Papst Gregor XI., den sie entgegen allen politischen Stürmen, Morddrohungen und blutigen Kriegen aus dem päpstlichen Exil von

Avignon zurück nach Rom holt. Das ist das Leben der eigentlich unfassbaren Caterina in vier Bildern eines Reliefs zusammengefasst. Aber sie ist mehr als nur das: *„Sie wurde vom Heiligen Geist ununterbrochen mit wunderbaren Reichtümern der Gnade und der Menschlichkeit überschüttet durch die Gaben der Weisheit, des Verstandes und der Wissenschaft"*, verkündete Papst Johannes Paul II. im apostolischen Rundschreiben anlässlich ihres sechshundertsten Todestages. Heute steht ihre Statue in Demut und doch unüberwindbar wie der Engel des Herrn vor dem Castel Sant-Angelo: Caterina von Siena, Schutzpatronin der Päpste.

Das also ist Caterina. Wer aber ist der Mann, der sich ihrem Gebet anvertraut? Gregor XI. ist ein Papst, der für die römisch-katholische Kirche überaus Wichtiges getan hat, und trotzdem kennt man ihn nicht. In den Geschichtsbüchern bleibt das Blatt seiner Geschichte leer. Warum?

Er war zögerlich, heißt es, verliebt in seine familiären Verbindungen zum französischen Adel und Klerus, unter Protektion seiner französischen Verwandten viel zu jung erst zum Kardinal und dann zum Papst gewählt. Selbst ein Mystiker, vertraute er auf den Rat von Visionärinnen wie Brigitta von Schweden und Caterina von Siena.

Caterinas Auftreten wird zu einem ständigen Ringen mit einer zunächst großen Unbekannten. Gregor schwankt zwischen Rom und Avignon. Er sieht den Umzug nach Rom als Notwendigkeit für den Fortbestand seiner heiligen Kirche an, schafft aber den ersten Schritt nicht aus eigenem Antrieb. Caterinas feurigem Drängen beugt er sich schließlich, scheinbar wider jede politische Vernunft. So tritt er die Reise letztendlich unter größter Sorge um den Frieden in Europa und um sein eigenes Leben an. Mit beiden Einschätzungen soll Gregor Recht behalten, denn tatsächlich stirbt er achtundvierzigjährig auf mysteriöse Weise kurz nach seinem Einzug in Rom. Caterina folgt ihm zwei Jahre später nach, im Alter von nur dreiunddreißig Jahren.

Caterina, die unbeugsame Tochter

Caterina wird vermutlich im Jahr 1347 als Caterina di Iacapo Benincasa, Tochter des Färbers Giacomo di Benincasa und seiner Frau Lapa in Siena geboren. Sie ist Mitglied einer bürgerlichen, mittelständischen Familie mit vierundzwanzig Kindern.

Auf dem Kontinent wütet seit zehn Jahren der Hundertjährige Krieg zwischen Frankreich und England; und schon seit knappen vierzig Jahren leben die Päpste im sogenannten babylonischen Exil in Avignon. Das byzantinische Reich ist gerade erst vor zwanzig Jahren unwiderruflich an die Osmanen gefallen. In ganz Europa wütet die Pest und dezimiert die Bevölkerung teilweise um bis zu fünfzig Prozent. Das Königreich von Neapel schielt nach dem maroden römischen Kirchenstaat und die italienischen Freistädte wie Mailand und Florenz erklären ihre Unabhängigkeit von Rom. Kurzum: Caterina und Gregor werden mitten in eine europäische Apokalypse hineingeboren. Sie erleben beide das Ende dieser Apokalypse nicht. Dennoch legen sie gemeinsam den Grundstein für einen guten Ausgang, der allerdings noch weitere hundert Jahre auf sich warten lässt, und erleben etwas, das beinahe eine ähnliche Wiederholung ihrer eignen Geschichte ist, durch Jeanne d´Arc und dem französischen König Karl VII.. Denn der französische König Karl VII., von Jeanne d´Arc unterstützt wie Gregor von Caterina, soll es sein, der den Hundertjährigen Krieg und das mit Gregors plötzlichem Tod entstandene Kirchenschisma beenden wird. Er erkennt als erster König Frankreichs wieder den römischen Papst als Kirchenoberhaupt an. Dass Gregor und Caterina dieses „gelobte Land" zwar am Horizont schon sehen können, dort aber nicht mehr einziehen werden, erinnert an die Geschichte des Mose. Auch dort sollte es ein anderer, nämlich Josua, sein, der mit den Söhnen Aarons die Israeliten heimführt. Ähnlich werden Karl VII. und Jeanne d´Arc für Europa politische Stabilität und eine neue Zukunft herbeiführen. Die Vorbereitungen hierzu aber wurden von Gregor XI. und Caterina getroffen.

Caterina wächst in behütetem Umfeld in Siena auf. Schon in frühester Kindheit fühlt sie sich zu Gott hingezogen. Eine derartige Berufung mag man einer Zwanzigjährigen gewiss zugestehen, aber nicht einem fünfjährigen Kind. Und so führt Caterinas ungewöhnliche Vorstellung vom Leben auch zu schweren Auseinandersetzungen mit ihrer Mutter Lapa, die die Visionen und Ansichten ihrer Tochter vorschnell als kindlichen Unsinn abtut. Hier zeigt sich schon, welcher Geist in Caterina wirkt, denn im Kindesalter sich dem Einfluss der Mutter und der Verwandten, ja sogar der herbeigerufenen Ordensleute zu entziehen, vermag ein junger Mensch nicht so ohne weiteres.

Schon sechs- oder siebenjährig, wenn denn die Zeitangaben ihrer Biografen Raimund von Capua und

Tommaso Caffarini richtig gedeutet werden, erlebt Caterina ihre erste große Vision. Als sie mit ihrem Bruder unterwegs ist, erscheint ihr Christus in einer Vision direkt über der Dominikanerkirche von Siena. Er ist mit dem Gewand eines Bischofs und mit der Tiara bekleidet. Letztere wird Caterina in ihrem jungen Alter wohl kaum als diese gekannt haben. So ist aus diesem Grunde schon in den Miraculi die Rede davon. Diese erste Christusbegegnung ist wegweisend für ihr späteres Leben, gleichwohl auch für den zukünftigen Papst Gregor XI., denn Christus erscheint ihr in der Kleidung des Papstes. Caterinas Erscheinung vor der Dominikanerkirche erhält natürlich erst später das Gütesiegel einer Vision, nämlich dann, als sich nicht nur ihr eigener, sondern auch der päpstliche Weg nach ihren Visionen richtet. Bis dahin aber muss Caterina damit leben, dass man sie ein sehr fantasievolles Kind nennt.

Vielleicht mag sie zu dem Zeitpunkt auch etwas älter gewesen sein, aber entscheidend ist, dass ihr Entschluss, ihr ganzes Leben Gott zu weihen, damit unwiderruflich feststeht. Die Auseinandersetzung mit der Mutter dauert fort. Sie will die schwierige Tochter so schnell wie möglich zur Ehe zwingen, damit der Spuk in der Familie endlich aufhört. Man versetze sich einmal in die Lage der unglückseligen Lapa. Welche Mutter, welcher Vater würden heute ihrem Kind Visionen und Christuserlebnisse abnehmen?

Wie schwer es für einen mystisch veranlagten Menschen ist, diese besondere Eigenschaft seinem Umfeld nahezubringen, zeichnet sich deutlich an Caterinas Leben ab. Zunächst schenkt niemand ihren Auseinandersetzungen im Geiste die notwendige Aufmerksamkeit und Caterina tut das, was auch alle anderen Mystiker tun. Sie sucht das Weite vor den Menschen, die ihr in ihrem gottverbundenen Dialog nur hinderlich zu sein scheinen. Also entscheidet sich die kleine Caterina, wie Johannes der Täufer in die Wüste zu gehen. Als diese Idee für ein siebenjähriges Kind nicht umzusetzen ist, überlegt sie, später als Mann verkleidet in einen mystischen Orden einzutreten. Das können ihr befreundete Ordensleute ausreden. Caterina erfährt hier bereits, was es heißt, ein Mystiker zu sein. Die Suche nach dem Dialog mit Gott zwingt jeden Mystiker in die Einsamkeit, um dort wie einst Maria zu Füßen Jesu auch alles verstehen zu können. Aber keiner der wirklich großen Mystiker hat es jemals geschafft, ein Leben in abgeschiedenem Gebet zu leben. Man denke an den späteren Johannes vom Kreuz oder Teresa von Avila. Sie alle werden geradezu entgegen ihrem Willen ins alltägliche Leben hinausgetrieben. Die Mystiker, und da ist Caterina keine Ausnahme, sind wie die Jünger Jesu auf dem Berg Tabor, als sie seine Verklärung erleben durften. „Lass uns drei Hütten bauen", schlug Petrus vor. Wer eine solche intensive Gegenwart Gottes erfährt, der will nicht mehr weg. Aber sie sehen und hören ja nicht um ihrer selbst willen, sondern um der Menschen willen. Also werden sich die Mystiker aller Zeiten immer im Spagat zwischen göttlicher und menschlicher Gegenwart wiederfinden, eine Zerreißprobe, die ohne göttliche Hilfe nicht durchzustehen ist. „Maria und Martha müssen zusammen sein, um dem Herrn wirklich zu dienen", schrieb schon zweihundert Jahre zuvor der französische Philosoph Abelard. Und genauso ist es auch mit Caterina. So oft sie sich der Boshaftigkeit, dem unnützen Treiben der Menschen zu entziehen versucht, genauso oft ist es Gott selbst, der sie eben dorthin zurückschickt.

Um ihrer Tochter die Idee eines Klostereintritts auszutreiben, lässt Lapa eigens Ordensleute kommen, damit sie ihrem Kind ins Gewissen zu reden. Als jedoch in stundenlangen Gesprächen die Dominikanerbrüder Caterinas festen Entschluss erkennen, raten sie ihr, das lange Haar einfach abzuschneiden, um damit den Verheiratungswillen ihrer Mutter zunächst einmal zu unterbinden. Gesagt, getan. Im Jahr 1362 schneidet Caterina sich das Haar ab und ist nun so gebrandmarkt, dass sie für eine Ehe nicht in Frage kommt. Lapa ist außer sich, aber ihre Tochter hat wichtige Zeit gewonnen, ihren Weg weiter vorzubereiten. Sie legt ein heimliches Gelübde ab, nicht zu heiraten. Um ihrer Mutter die ungeheure Peinlichkeit zu ersparen, trägt Caterina ein Kopftuch. Weiter kommt sie der fest planenden Mutter allerdings nicht mehr entgegen.

Es ist Caterinas Vater, der die Ambitionen seiner Tochter besser versteht und sich immer wieder für sein jüngstes Kind bei der resoluten Lapa einsetzt. Lapa geht zum Gegenangriff über und entlässt die Dienstboten aus dem Haus, um stattdessen Caterina alle Hausarbeiten aufzubürden, die sie von ihren „dummen" Gedanken abbringen sollen. Caterina arbeitet viel, aber nicht ohne dabei mit Gott in den Dialog zu treten. Lapa entzieht ihr daraufhin ihr eigenes Zimmer, sodass ihre Tochter sich nicht mehr zum Gebet zurückziehen kann. Man hüte sich hier, Lapa als Rabenmutter anzusehen. Sie konnte schlichtweg nicht glauben, was da mit ihrer Tochter vorging. Es war zu ungewöhnlich. Letztendlich setzt Giacomo sich zu Hause durch und Caterina erhält endlich ihr eigenes Zimmer zurück.

Aber es bleibt nicht beim Zimmer. Entschlossen tritt sie 1363 als Mantellatin in den Orden der Dominikaner ein und richtet sich dieses Zimmer als Klosterzelle ein. Lapa versucht Caterinas Aufnahme bei den Schwestern zu verhindern, was ihr zunächst sogar gelingt. Die Dominikanerinnen erklären Caterina fürs Ordensleben für ungeeignet. Auf Fürsprache des Vaters kann sie letztlich doch eintreten.

Auf mehrere Jahre schließt sie sich zu Hause selbst in Klausur ein. Jetzt hat Caterina wie einst Petrus eine Hütte gebaut, um die Gegenwart Gottes nicht mehr verlassen zu müssen. Sie lernt dort in ihrer selbst gewählten Einsamkeit wahrscheinlich sogar lesen und schreiben. Sie verlässt ihre Zelle erst wieder im Jahre 1367. Das geschieht nur auf göttliche Weisung hin, denn sie selbst hatte alles, was sie wollte. Autistisch? Das würden wir heute vielleicht fragen, oder nicht? Nein. Es ist eine Flucht vor dem großen Unverständnis ihrer Mitmenschen. Wie wenig Caterina autistisch ist, das beweist sie uns noch ihr ganzes Leben hindurch. Niemand reicht weiter hinaus zu den Menschen, den ganz großen und den ganz kleinen, niemand bringt so viel Mut auf, sich allen Gefahren entgegenzustellen und sogar die Mächtigsten zu leiten und doch die Armen und Kranken immer aus ganzem Herzen zu lieben, zu bewirten, zu pflegen und oft genug auch zu heilen. Autistisch? Nein, wirklich nicht.

Pierre Roger de Beaufort, eine mittelalterliche Karriere

Papst Gregor XI. wird als Pierre Roger de Beaufort im Jahr 1329 bei Limoges in Frankreich geboren. Über ihn heißt es in der französischen Geschichtsschreibung:

„Er hat nicht jede Abtei und nicht jedes Bistum regiert, aber er hat auch nicht jedem König gedient.“ Es ist ein Mythos, dass er sich zu den Franzosen unter den Päpsten rechnete, denn *„er kannte Italien sehr gut, wo er lange Zeit gelebt hat.“*

Er wächst bei seinen Eltern Guillaume de Beaufort und Marie du Chambon im Schloss von Maumont auf. Wenn man Caterina ein frühreifes Kind nennen will, so muss man es in seinem Fall auch tun. Pierre Roger war von Kindheit an tief religiös mit der Neigung zur Mystik. Schon mit elf Jahren wird er zunächst der Kanonikus von Rodez und dann von Paris. In Paris wird ihm die Nähe des französischen Hofes nicht verborgen geblieben sein, da verwandtschaftliche Beziehungen zum französischen Königshof bestehen. Vielmehr muss man seine Geschichte mit der Geschichte Frankreichs zusammenbringen. Der französische König Philipp IV. lässt den bis dahin sehr angesehenen Ritterorden der Templer verfolgen und eignet sich dessen Vermögen an. 1314 löst der französische Papst Clemens V. in Avignon den Templerorden auf. Jacques de Molay, der letzte Großmeister der geheimnisumwitterten Tempelritter, wird in Paris auf Befehl des französischen Königs verbrannt. Das Geheimwissen und das Vermögen der noch nicht geflüchteten Templer geht an niemand geringeren als den französischen König. Pierre Roger de Beaufort steht durch seine enge Verwandtschaft mit dem französischen Thron diesen Ereignissen sehr nahe. Eine Vorgeschichte, die man im Blickfeld behalten mag.

Als Pierre neunzehn Jahre alt ist ernennt ihn sein Onkel, der amtierende Papst Clemens VI., zum Kardinaldiakon. Eine gewisse französische Vetternwirtschaft lässt sich nicht leugnen. Umso bedeutender wird Gregors späterer Entschluss, nach

Rom zu gehen, zu werten sein. Papst Clemens VI. schickt seinen besonderen Schützling zum Studium an die Universität von Perugia, einen Steinwurf entfernt von Siena. Hier schreibt sich der Student unter dem Namen Pietro Baldo degli Ubaldi ein und studiert nicht – wie man meinen möchte – Philosophie oder Theologie, sondern Pierre Roger studiert die Rechtswissenschaften. Er befasst sich eingehend mit der italienischen Politik und ist auch durch dieses Studium bereits mit den Freistädten Italiens vertraut. Hier in Italien lernt er die schönen Künste kennen und lieben. Er interessiert sich gleichermaßen für die Bau- Schreib- und Malkunst. Seine labile Gesundheit und sein recht zurückhaltendes Temperament machen ihn zum Mann der Bibliotheken. Nennt man seinen Onkel Clemens VI. den ersten Mäzen unter den Päpsten, so wird man Pierre Roger einmal den ersten Humanisten unter den Päpsten nennen. *„Nach außen oft verschlossen, lebt in ihm ein Geist von hoher Spiritualität"*, schreiben die Historiker der französischen Päpste über diesen Mann. Sie loben seine außergewöhnliche Gabe, politische Realitäten zu erkennen und seine besonderen Qualitäten in der Diplomatie. Bald schon fällt er wegen seiner großen Gelehrsamkeit dem Kollegium auf. Er ist in Italien wie in Frankreich wegen seines Scharfsinns trotz seiner Jugend ein angesehener Mann. Pierre Roger wird während seines Studiums mehr als nur einmal durch Siena gekommen sein. Vielleicht darf an dieser Stelle einmal überlegt sein, ob er und Caterina sich dort nicht in irgendeiner Form schon begegnet sein könnten.

1367 wird der außergewöhnlich befähigte Jurist mit wichtigen politischen Aufgaben von Papst Urban V. nach Rom geholt, wo er bis 1370 tätig bleibt. Pierre Roger de

Beaufort lernt die Apostelstadt mit all ihren Wundern und Zeugnissen der Geschichte lieben. Urban V. hatte Avignon verlassen und war aus Überzeugung nach Rom zurückgekehrt und wird dort von dem jungen Talent Pierre Roger de Beaufort unterstützt. Dies ist genau die Zeit, als auch Caterina in Siena ihre selbst gewählte Einsperrung aufgibt und sich ganz der Liebe zu ihren Mitmenschen hingibt. Sie ist schon jetzt als die Santa von Siena bekannt. Es beginnt sich ihre Famiglia zu bilden, das heißt, sie verfügt hier schon über eine bedeutende Anhängerschar, etwas, das auch dem Papst und seinem Mitarbeiter in Rom nicht entgangen sein dürfte. Urban V. flüchtet zurück nach Avignon. Wo mag sich Pierre Roger aufgehalten haben? Immerhin hat er lange in Perugia gelebt und eigentlich sollte er doch empfänglich für den neuen Freiheitswillen der italienischen Städte sein, die deshalb keineswegs unchristlich sind. So wird er als ein ungewöhnlich gebildeter und überaus kluger Mensch, aber von schlechter Gesundheit geschildert, der im Innersten tiefgläubig war. Sein trotz seines Status bescheidenes und einfühlsames Auftreten wird hervorgehoben. Wenn nötig, verfügt er jedoch über hartnäckige Entschlossenheit.

Herzenstausch und mystischer Tod

Caterina lebt währenddessen weiter bei ihrer Familie. Gleichzeitig jedoch bildet sich ein enger Freundeskreis um sie herum. Die Färbertochter gewinnt schnell die Herzen ihrer Mitmenschen, obwohl sie nie ein Blatt vor den Mund nimmt. Aber vielleicht ist es gerade das, was sie so anziehend für andere macht. *„Ihre Worte fallen wie*

Feuer auf einen herab", schreibt ihr Freund und Biograf Raimund von Capua. Damit bedient er sich eines überaus wichtigen Vergleichs aus der Offenbarung des Johannes, welcher sich auf die beiden noch ausstehenden Gotteszeugen bezieht, die der Verfasser der Offenbarung so beschreibt: *„… und wenn jemand ihnen Böses zufügen will, kommt Feuer aus ihrem Mund."* Das wiederum wird als Anlehnung an den Feuerpropheten Elias verstanden. Fällt bei Elias im Alten Testament noch Feuer vom Himmel, um seine Feinde zu verzehren, so ist es bei Caterina das geistige Feuer der göttlichen Liebe, dem ihre Gegner nicht widerstehen können. Es ist also kein Zufall, dass Raimund sich dieser Formulierung bedient, gewiss auch im Hinblick auf eine spätere Kanonisierung. Seine Beschreibung deutet daher auf Caterina als eine ungewöhnlich charismatische Person hin. Im Heiligsprechungsprozess heißt es denn auch: *„Sie war eine junge Frau mit einem immer fröhlichen Gesicht. Man fühlte sich mächtig zum Guten hingezogen. Alle Ängste vor jeglicher Bedrängnis wichen, wenn sie anwesend war."* Raimund erlebt mit ihr eine so überzeugende Gottesnähe, dass es ihn wie einst Petrus im Markusevangelium drängt, mit ihr drei Hütten zu bauen. Und das erklärt auch, weshalb sich Menschen unterschiedlichen Standes um sie scharen.

Bald schon nennt man diesen Freundeskreis Famiglia und sie selbst Mamma. Zur Famiglia gehören Freunde und Verwandte, so auch eine Mitschwester der Mantellatinnen, Alessia di Saracini, die als Einzige während Caterinas Selbsteinsperrung Kontakt zu ihr halten kann und ihr das Lesen und Schreiben beibringt. Diese Alessia nimmt Caterina auch nach dem Tod des Vaters 1368 bei sich auf. Drei ihrer Mitschwestern stehen als Sekretärinnen im Dienst der jungen Frau, von der inzwischen schon ganz Italien spricht. Es ist überliefert, dass Caterina, nicht anders als Thomas von Aquin, oft so sehr im Geiste steht, dass sie mehrere Briefe und Texte gleichzeitig verfasst und diktiert. Bald gesellt sich dieser Gruppe ihr erster Beichtvater, Tommaso della Fonte, ebenfalls ein Dominikaner, hinzu. Er wird als hervorragender Theologe geschätzt und unterstützt Caterina in all ihren Missionen und führt sie auch auf den Weg der wissenschaftlichen Untersuchung. Thomas von Aquin gehört zu ihrer wesentlichen wissenschaftlichen Forschung. In ihrem *Dialogus* schreibt sie, wie sehr sie diesen Thomas von Aquin liebt, und nennt ihn die Leuchte der Wissenschaft.

Später kommt neben vielen weiteren namentlich bekannten Personen ein junger Mann, Neri di Landoccio Pagliaresi, hinzu. Er begleitet sie fast überall hin und dient ihr als Sekretär. Dieser junge Mann bittet sie, ihn als ihren Sohn anzunehmen, und Caterina tut es: *„Ihr habt mich gebeten, Euch als Sohn anzunehmen. Obwohl ich armselig und unwürdig bin, tue ich dies mit großer Liebe."* Er erhält später einen „Bruder" dazu, den jungen Adligen Stefano Maconi. Dessen Familie ist von dieser neuen Mutterschaft, wie man sich gewiss denken kann, nicht begeistert. Dennoch bleibt der junge Mann dabei und erbittet sich Caterina als Mutter. Sie erzieht ihre angenommenen Kinder im Geiste mit Liebe, manchmal auch mit Strenge, ständig bemüht, sie zu wahren Kindern Gottes zu machen. Was muss von dieser Frau ausgegangen sein, dass andere Menschen sie bitten, sie als ihre Mutter annehmen zu dürfen? Stefano wird nach ihrem Tod lange ruhelos umherziehen, bis er sich nach ihrem Tod endlich zum Rückzug in die Abgeschiedenheit der Kartäuser entscheidet. Er wird zum wichtigsten Zeugen und Betreiber des Kanonisationsprozesses werden.

Neri di Landoccio bringt eines Tages seinen Freund, zu ihr der sich geschworen hat, ihrem geistlichen Treiben ein Ende zu bereiten. Dieser will der frommen Ordensfrau so entschlossen über den Mund fahren, dass sie nie wieder Lust habe, irgendeinen Menschen zu bekehren. Aber es kommt anders. Sie wirkt auf den entschlossenen, sehr schwierigen Mann ein, sodass er sein Vorhaben nicht umsetzen kann. Nach mehreren Begegnungen bekehrt er sich nicht, kann sich aber auch andererseits ihrer mütterlichen Liebe nicht entziehen, sodass seine Umkehr zu Gott zu einem ständigen Ringen darum wird. Caterina begegnet ihrem Widersacher mit einem Wort aus dem Buch Hosea: *„Du kommst häufig zu mir, aber dann fliegst du wieder wie ein irrer Vogel davon. Flieg nur wohin du willst. Mit göttlicher Gnade werde ich dir einmal solche Schlingen und Schnüre (der göttlichen Liebe) um den Hals legen, dass du nicht mehr davonfliegen kannst.*" Dieser Francesco Malavolti wird ebenfalls zu einem wichtigen Zeugen in ihrem Heiligsprechungsprozess, und nach ihrem Tod tritt er in den Orden der Benediktiner ein.

Wie in diesem Fall verlaufen viele Begegnungen. Theologen und Ordensleute ziehen aus, um ihr das Handwerk zu legen, doch in den meisten Fällen reicht die persönliche Begegnung aus, dass aus den Widersachern Bewunderer werden. Einen Franziskanerpater kann sie jedoch nicht allein mit ihrer Gegenwart umstimmen. Hochmütig und ironisch bittet er sie beim Abschied, sie möge für ihn beten. Als er sich am nächsten Tag seine „schwere Depression" nicht erklären kann, kommt er gegen Abend selbst darauf: *„Man sollte einen Heiligen nicht* *verhöhnen und nicht aus Spott um sein Gebet bitten.*" Das ist wohl richtig, denn im Neuen Testament heißt es, dass alle Lästerungen gegen den Vater und gegen den Sohn vergeben werden, Lästerungen gegen den Heiligen Geist jedoch nicht. Caterina wirkt im Heiligen Geist. Dieser Franziskaner erlebt also hautnah das Wort aus dem Evangelium.

Caterinas Zugang zu einer Welt, die andere nicht betreten können, zeigt sich auch in ihren Ekstasen. Diese sollte man sich nicht als einen bedrohlichen Zustand vorstellen, nur weil der Begriff heutzutage mit falschen Vorstellungen verbunden ist. Die Ekstase gehörte und gehört immer zum Leben tiefgläubiger Menschen und Mystiker. Sie reicht vom stillen, intensiven Gebet bis zur Gotteserfahrung hin, einem Zustand, in dem der Körper auf die niederen Funktionen zurückfällt, vielleicht vergleichbar dem Schlaf. Die spätere Teresa von Avila wird darin noch genaueste Unterweisung geben können. Während solch intensiver Gotteshingabe erlebt Caterina die meisten Visionen. Eine davon ist der Herzenstausch. Sie hatte den Psalm 51 gebetet, *„Erschaffe mir, Gott, ein reines Herz.*" In einer Vision wird ihr das Herz aus dem Leibe genommen. Sie fühlt sich danach tagelang elend, krank und herzlos. Ihre Beichtväter lachen über solchen „Unsinn", so wie wir heute auch darüber lachen würden. Ein paar Tage später erlebt sie in einer weiteren Vision, wie Jesus ihr ein neues, ein flammendes Herz einsetzt, und jeder denkt, dass sie ja nur so aus der Affäre wieder herauskommen kann, um nicht unglaubwürdig zu werden, bis sie Raimund von Capua die über Nacht entstandene Narbe auf ihrem Brustkorb zeigt. Für diese Narbe gibt es mehrere Zeugen.

Die Bekehrungen in ihrem Umfeld und die Heilungen werden häufiger, und sie wird bekannt als die Santa, die Heilige, aus Siena. Kurze Zeit darauf erkrankt sie so schwer, dass sie sich vier Tage lang in einem todesähnlichen Zustand befindet und man ihr Grab bereits ausgehoben hat. Dabei handelt es sich nicht um eine Steigerung ihrer Ekstasen, sondern um einen uns unbekannten Grenzzustand zum Tod.

Die berühmteste Erfahrung solcher Art macht Paulus. Caterina selbst erzählt uns von Paulus in ihrem *Dialogus*: *„Paulus hat es gesehen und erfahren, als Gott ihn in den dritten Himmel hinaufzog, zur Höhe der Dreifaltigkeit.“* Sie erklärt weiter, wie Paulus diesen Heiligen Geist mit heruntergebracht und seinen Leib damit wie ein heiliges Gefäß gefüllt habe. Ähnlich verstand dies schon Platon, auch er sah im menschlichen Körper ein Gefäß, das den höchsten Geist in sich aufnehmen könne. Voraussetzung dafür sei die Durchlässigkeit der darin wohnenden Seele. Je mehr sich die Seele einer uneigennützigen Liebe zuwende, umso durchlässiger werde sie für den Geist. Eine Seele, die in einem problemlosen Umfeld lebt, wird sich aus lauter Bequemlichkeit schon nicht dazu aufmachen, denn die Auseinandersetzung mit den geistigen Dingen beginnt erst, wenn die körperlichen Dinge leiden. Dann bildet sich ein durchlässiges Gefäß, das den Geist in sich aufnehmen kann, wenn es denn will.

Auch in Caterinas Fall reden wir vom Heiligen Geist. Dieser kann auch wieder entzogen werden, wie es die Santa am Beispiel des Paulus verstehen durfte. Um seinen Platz im Plan Gottes auszufüllen, musste Paulus menschliches Leid erfahren. Das erklärt sie so: *„Daher entzog Gott ihm sein Selbst, da ihn selbst kein Leid befallen* *kann.*" Sie schreibt weiter, dass Christus, damit Paulus es erträgt, sich ihm als der Gekreuzigte zeigt und so an seinen Leiden teilnimmt. Hier mag man sich an das Wort von Papst Paul VI. erinnern: „*Das Kreuz ist der untrennbare Begleiter der Heiligen.*" Auch Caterina erlebt dies.

Sie erfährt in ihrem Zustand das, was Menschen berichten, die aus dem klinischen Tod zurückgekehrt sind: Die Rückkehr in diesen Leib ist unerträglich. So erlebt Caterina ihren persönlichen Berg Tabor. Der Berg ist nicht nur ein geografischer Berg, sondern vielmehr die Höhe des Geistes, wie sie die drei Jünger erfahren durften. Und auch sie wollten dort nicht mehr weg. Kein Wunder also, dass Caterina Gott anfleht, sie nicht mehr zurückzuschicken. Doch sie erhält zur Anwort: „*Ich werde dir einen Mund geben und solche Weisheit, dass dir niemand widerstehen kann. Ich werde dich vor Päpste und vor die Lenker der Kirche bringen. Denn ich lasse durch das, was schwach ist, den Hochmut zu Schanden werden.*"

Der Jurist unter den Päpsten

Pierre Roger de Beaufort bewegt sich 1370 als Mitarbeiter von Urban V. in Rom bereits auf hohem politischen Niveau. Irgendwann zu dieser Zeit muss er, so wie der Papst selbst, wieder nach Frankreich zurückgekehrt sein. Urban V. verlässt Rom am 17. April 1370 und kehrt nach Avignon zurück. Perugia, die Stadt der Studienzeit Pierre Rogers de Beaufort, rebelliert gegen den despotisch regierenden französischen Legaten des Kirchenstaates, Gérad de Puy, der ein Verwandter Pierre Rogers ist. Aus dem Unvermögen dieses Kirchenfürsten, die Kirchenstädte zu führen, entsteht ein Konflikt zwischen Bürgern und Kirche, der in einer überaus grausamen Auseinandersetzung enden wird. Doch anstatt den unfähigen Mann abzusetzen, wird die Politik gegen die Aufrührer verschärft.

Am 10. Dezember 1370 stirbt Urban V. in Avignon, und schon wenige Tage später, am 30. Dezember, wird Pierre Roger de Beaufort von den in der Überzahl vertretenen französischen Kardinälen zum Papst gewählt. Er nennt sich Gregor XI. Diesen Namen wählt er in Anlehnung an Gregor VII., der ebenfalls ein Jurist auf dem Heiligen Stuhl war. Dies ist zugleich seine Regierungsproklamation. Er kommt nicht, um zu versöhnen, sondern er kommt, um Gerechtigkeit walten zu lassen. Wie sehr ihm die selbst erklärte Gerechtigkeit noch aus den Händen gleiten wird, zeigt die Geschichte. Seine Ziele stehen schnell fest: Kreuzzug, um den bedrängten Christen in Konstantinopel beizustehen, Frieden zwischen England und Frankreich, Rückgewinnung der italienischen Fürsten zum Kirchenstaat sowie Rückverlegung des Papststuhls nach Rom. Gott aber scheint andere Pläne mit ihm zu haben. Gregor wird weder den Hundertjährigen Krieg beenden noch einen Kreuzzug gegen die Sarazenen ausrufen oder den Frieden mit den italienischen Städten erleben, auch wenn niemand anderer dafür verantwortlich sein wird als er.

Dennoch beschreiben seine Zeitgenossen ihn als Mystiker mit einem sehr skrupelhaften Gewissen, das ihn an schnellen Entscheidungen hindert, einen außerordentlich intelligenten, feinsinnigen Mann, der seiner Kirche als beispielhafter Hirte vorausgehen will. Selbst seine Feinde, die Florentiner, bewundern *„seinen gottesfürchtigen, aufrechten Charakter und seine persönliche*

Bescheidenheit." Warum er immer wieder die falschen Kardinäle einsetzt, die das Schiff Kirche in den Untergang steuern, bleibt ein Rätsel.

Alle Welt hofft durch ihn auf eine Beilegung der Schwierigkeiten in Italien. Er setzt noch mehr als seine Vorgänger auf Druck gegen die Städte. In dem sich immer weiter hochschaukelnden Streit kommt es ihm nicht in den Sinn, die gegnerischen Parteien anzuhören oder eine gemeinsame Lösung zu suchen. Gregor will alle italienischen Städte zum Gehorsam zwingen, etwas, das einem Kirchenführer und Stellvertreter Christi zu keiner Zeit gut zu Gesicht stehen kann. So ist auch bald Caterina, die Santa von Siena, auf den Plan gerufen, um das Unheil, das der junge Papst über die freien italienischen Städte bringt, abzuwenden. Caterina behandelt diesen vom Erfolg verwöhnten, aristokratischen Mann nicht anders als ihre Söhne, mit Liebe und Strenge, und wie ihre Söhne muss auch er sich so manches sagen lassen, ohne sich dagegen zu wehren. Schnell wird eine gegenseitige Zuneigung bei diesen beiden so unterschiedlichen Personen deutlich, und es wäre der Geschichte zu wünschen gewesen, dass dieser Sohn öfter auf seine geistige Mutter gehört hätte.

Sofort nach seiner Wahl beginnt Gregor damit, die Ausdehnung der Visconti, einer mächtigen Familie in Mailand, einzudämmen, womit er die ganze Toskana gegen sich aufbringt. Im Jahr 1372 stirbt die geistige Lehrerin der Päpste, Brigitta von Schweden, in Rom, ohne dass es ihr gelungen wäre, die Kirchenfürsten wieder dorthin zurückzuholen. Caterina kann inzwischen kaum noch Nahrung bei sich behalten und wird von Tag zu Tag schwächer. Immer wieder erbricht sie. Sie beginnt damit, sich in erster Linie vom eucharistischen Brot zu ernähren. Im Todesjahr der Brigitta von Schweden erreicht Caterina der erste offizielle Brief Gregors XI. Es ist wohl anzunehmen, dass ihre Verbindung schon eher bestanden hat, entweder aus seiner Zeit in Perugia oder zumindest doch daher, dass sie eine über die Landesgrenzen hinaus berühmte Santa ist, mit der Gregor sich schon kraft seines Amtes befasst haben muss. Mit Amtsübernahme will er nicht nur die italienischen Städte auf den Weg der Tugend zurückführen, er hat sich genauso die Ausmerzung theologischer Irrlehren auf die Fahne geschrieben. Man bedenke, er ist Franzose und hat die Vernichtung der Tempelritter immer nur aus der Sicht des französischen Königs betrachten können. Allein schon, um diesen französischen Papst aus den Fängen seiner Gönner zu befreien, ist ein Umzug nach Rom zur Rettung der Kirche unbedingt notwendig. Nicht nur die theologischen Lehren will er säubern, sondern er hat auch ein sehr hohes und lobenswertes Ziel gefasst: Er will Frieden in Europa herstellen und dazu den Hundertjährigen Krieg beenden. Es wird ihm nicht gelingen, denn dieser Krieg wird ihn selbst noch überdauern. Aber vielleicht gilt auch hier wie bei den italienischen Städten, wer zum Frieden zwingen will, der ist kein überzeugender Vertreter seines Glaubens, sondern auf dem Weg, ein platonisches Utopia zu schaffen und muss damit scheitern.

Gregor XI. arbeitet zum Wohle der Stadt Avignon und lässt die vom Hochwasser eingestürzte Brücke Pont Saint Bénézet wieder aufbauen. Wegen leerer Staatskassen bleiben ihm größere Architekturprojekte wie die seiner Vorgänger in Avignon verwehrt. Dennoch bekundet er schon kurz nach der Amtseinführung seine Überzeugung, dass nur Rom der Sitz eines Papstes sein kann, und verschreckt damit seine französischen Verwandten und Freunde, die sich mit seiner Wahl auf der sicheren Seite gewähnt hatten. Er will auch die Einheit zwischen der Ost- und der Westkirche wiederherstellen. *„Bevor wir nach außen streiten, müssen wir innen Frieden halten"*, ist sein Wahlspruch. Und da – wie so oft in der europäischen Geschichte – einmal mehr die Osmanen vor der Tür stehen, erwägt er auch einen Kreuzzug zur Rettung des Christentums. Gregor ist also durchaus ein Kirchenführer mit hochherzigen Ambitionen und großen Ideen für seine Zeit, nur manchmal scheint es, dass er trotz all seiner intelligenten Planung die Rechnung ohne den gemacht hat, um den es in einem Kirchenstaat geht: Gott selbst.

Er entschließt sich, erst Frieden zwischen England und Frankreich zu bewirken, da dies von französischem Boden aus besser gelingen kann, und dann erst nach Rom umzuziehen, um von dort aus die italienischen Städte zu befrieden und den Kreuzzug auszurufen. Aber das Ziel, Frieden zwischen England und Frankreich zu erwirken, wird zum lästigen Hindernis für alle anderen seiner Pläne. Es reisen unentwegt Diplomaten hin und her, aber letztendlich schaffen sie keinen Frieden. Gleichzeitig nutzen die Visconti in Mailand die Zeit, um ihre Gebiete weiter auszudehnen. Das führt dazu, dass Gregor 1371 eine Allianz gegen die Visconti gründet und den Herzog von Savoyen, Amadeus VI., mit dem päpstlichen Heer vor die Stadt schickt. Aber so leicht beugt sich Oberitalien nicht und Gregor greift zu drastischeren Maßnahmen. 1373 verhängt er über die Städte der Visconti das Interdikt und predigt nun nicht mehr den Kreuzzug gegen die Bedrohung durch die Osmanen, sondern gegen die Visconti. *„Ich rufe euch zu* *wie einst der Erzengel Michael es tat: Möge Gott euch strafen!"* Mit solchen Worten steht er seinen Feinden zunächst unversöhnlich gegenüber.

Caterina erkennt die Dramatik der verfahrenen Lage und schreibt nun ihrerseits an die Visconti. Sie bittet sie eindringlich, dem Papst den nötigen Gehorsam zu leisten. Für Caterina ist die Position des Papstes unantastbar. Er ist für sie, wie sie selbst sagt, *„der Christus auf Erden"*. Wenn sie in ihrer Vision erfährt, dass sie vor Päpste geführt werde, dann gewiss nicht nur, um diese in allem zu bestätigen. Etwas kritischer hätte Caterina diesen komplizierten „Sohn" hier und da betrachten dürfen. Trotzdem wirkt sie mit all ihrer mütterlichen Liebe auf diesen jungen Papst zum Guten ein. Niemand wird dem mächtigsten Mann seiner Zeit furchtloser begegnet sein als die Santa aus Siena. Aber bei Gregor ist die von allen verehrte Mutter auf den schwierigsten ihrer Söhne gestoßen, der sich nicht so einfach beugt, weil er es noch nie hat lernen müssen.

Dennoch kommt 1374 der geistliche Leiter der verstorbenen Brigitta von Schweden im Auftrag Gregors XI. nach Siena. Er überbringt Caterina die Nachricht des neuen Papstes: *„Bete für mich und die Kirche!"* Warum wendet er sich gerade an Caterina, wenn er sie nicht schon zuvor – wo auch immer – persönlich kennengelernt hat? Spätestens hier muss ein Austausch zwischen Caterina und Pierre Roger de Beaufort stattfinden, denn noch in diesem Jahr weist er ihr den liebsten Freund, Raimund von Capua, als ihren persönlichen Beichtvater zu.

Raimund ist ein Beichtvater, der die Heilige hoch schätzt und sich lieber selbst von ihr führen lässt, als dass er sie führte. Um das sicherzustellen, was nach damaligem Recht einer Frau nicht zugestanden ist, wählt Gregor Raimund zu ihrem persönlichen Vormund. Dies zeigt, wie sehr er die Frau aus Siena schätzt und ihr die Handlungsfreiheit sichern will und es weist ihn selbst als einen durchaus großzügigen und vielleicht auch demokratischen Menschen aus, da durch diese Maßnahme niemand über der unbequemen Frau steht als er allein. Gregor selbst wiederum lässt sich von ihr durchaus kritisieren. Damit hat er ihr weitreichende Macht eingeräumt. Eine weitere, bis dahin unerhörte Freiheit wird Gregor *„seinem heiligen Schrecken"*, wie er Caterina nennt, mit päpstlicher Bulle besiegeln: Sie unterliegt nicht wie alle anderen Ordensfrauen ihrer Zeit der Klausur, sondern darf sich frei bewegen. Das ist sehr bedeutsam für Gregors Wohlwollen und seine liberalen und menschlich angenehmen Züge und es beweist, dass auch Gregor in ihr die Heilige erkannt haben muss.

Caterina, Gregors heiliger Schrecken

Die Lage zwischen dem Herrscher von Mailand, Barnabo Visconti, und dem neuen Papst spitzt sich weiter zu. 1373 sieht Caterina sich wegen der unnachgiebigen Haltung Gregors gezwungen, den Visconti einen Brief zu schreiben. Darin ermahnt sie diese, den gegenüber dem Papst gebotenen Gehorsam unbedingt zu wahren. In Gregors Aufforderung, für ihn zu beten, liegt die erste offizielle Einbindung Caterinas durch den Papst in dessen Angelegenheiten. In diesem Auftrag wird deutlich, dass Gregor sich eine Frau als Ratgeberin gewählt hat. Nicht sie ist an ihn herangetreten, sondern er an sie. Im Jahr 1374 reist sie denn auch erstmals nach

Florenz, wo ihr durch päpstliche Bulle Raimund von Capua offiziell als geistlicher Vater zuerkannt wird. Sie selbst betrachtet seine Wahl als *„ein besonderes Geschenk von Maria, der Mutter Jesu"*. Das ist sehr bedeutsam, da Caterina als unmündige Frau sich durch diese Maßnahme keiner anderen Autorität beugen muss, als ausschließlich Raimund, der ja letztendlich gar nicht ihr Lehrer, sondern ihr Schüler ist. Gregor hat damit Caterina als einzige Frau der damaligen Welt unabhängig gemacht. Daher rührt vielleicht auch die Anspielung auf Maria, denn auch Jesus hat durch Wahl seines Lieblingsjüngers Johannes als ihren Sohn seine Mutter unabhängig gemacht. Denn in Wahrheit wird die Mutter Jesu mehr Einfluss auf ihren „jüngsten Sohn", Johannes, gehabt haben als umgekehrt. Gregor macht es also ähnlich, als er der bedeutenden Frau auf diese Weise die Unabhängigkeit gibt.

Eine solche Entscheidung in seiner Zeit muss man Gregor hoch anrechnen, denn so räumt er ihr die unumschränkte Autorität ein, ihm selbst freimütig gegenüberzutreten. Er lässt sie damit gewissermaßen als persönliche Ratgeberin zu. Und wenn er Caterina kannte, wird er wohl kaum geglaubt haben, sich mit ihr eine Schmeichlerin an den Heiligen Stuhl geholt zu haben. Der Überlieferung nach spricht er von ihr als *„Caterina, mein heiliger Schrecken"*. Und so wird es auch sein. Wenn sie kommt, dann kommt sie nicht, um eine Belanglosigkeit mit ihm zu besprechen oder ihm nach dem Mund zu reden, wie alle anderen es tun. Caterina kommt, um die nackten Fakten auf den Tisch zu legen. Wer ihre Briefe liest, der weiß, dass sie kein Blatt vor den Mund nimmt und daher auch vielen Anfeindungen der höheren Gesellschaft ausgesetzt ist.

Gregor selbst ist unsicher, fest eingebunden in seine eigene Politik und die Hoffart seiner Umgebung und Verwandten. Dennoch ist auch er ein Idealist, der die Welt zum Besseren führen möchte und sich dazu des Heiligen Stuhls bedienen will. Dabei verliert er so manches Mal aus den Augen, an wessen Stelle er da eigentlich sitzt. Die Demut eines Jüngers und auch die Barmherzigkeit, die den Aposteln mit ins Herz gegeben war, fallen ihm hin und wieder schwer, und das macht seine Sache so mühselig. Hätte er seiner unbestrittenen Intelligenz ein wenig mehr Herz und Liebe für die, die er leiten soll, hinzugefügt, er wäre womöglich einer der bedeutendsten Päpste der Weltgeschichte geworden. So verschwindet er leider wieder im historischen Nichts. Dabei hätte er unbestritten mehr Beachtung verdient.

Als Caterina im Sommer 1374 von Florenz nach Siena zurückkehrt, wütet dort schon die Pest. Sie opfert sich hingebungsvoll für die Sterbenden und die Kranken auf, ohne dabei auf die eigene Gefährdung zu achten. Sie hat bereits mit Papst Gregor Kontakt, denn dieser erlässt seine erste offizielle Bulle zu ihren Gunsten im Frühjahr 1374. Sie erhält von ihm einen Ablass, der sich möglicherweise hier schon auf ihre Sterbestunde bezieht.

Wenn Gregors Ablass tatsächlich so weit geht, wie es allgemein angenommen wird, dann muss er sie persönlich längst kennengelernt haben. Wer würde einem ihm gänzlich unbekannten Menschen eine Generalabsolution bis in die ferne Zukunft erteilen? Seinen Ablass verbindet er mit einer Auflage an Caterina: *„Du weißt“*, schreibt sie an ihren Begleiter Neri, *„als ich vom Heiligen Vater den Ablass für den Nachlass der Sündenstrafen erhielt, legte er mir die Verpflichtung auf, jeden Freitag dreiunddreißig Vater Unser sowie* *zweiundsiebzig Ave Maria zu beten.*" Es bleibt anzunehmen, dass Gregor ihr damit nicht „ein bloßes Plappern von Gebeten" auferlegt, wie es dem Christen nach dem Evangelium nicht gestattet ist, sondern dass Gregor diese Auflage nutzt, um sie in ihrer Kontemplation zu unterstützen. Das bloße Herunterleiern eines Vater Unsers hat wohl kaum denselben Wert eines vertieft vorgetragenen Gebets. Wenn ein Kind seinem Vater dreiunddreißig mal seine Bitte vorträgt, wird er nachgeben, vielleicht nur, um seine Ruhe zu haben. Denn auch das lehrt das Evangelium. Da Caterina und Gregor beide zu den Mystikern ihrer Zeit gerechnet werden, kann davon ausgegangen werden, dass Caterina sich mit jeder Zeile des Vater Unsers seinem eigentlichen Inhalt kontemplativ nähert und damit der Menschheit einen großen Dienst erweist.

Gregor ernennt 1375 neun neue Kardinäle, davon sind acht gänzlich für ihr Amt ungeeignet. Diese unglückliche Wahl zwingt Caterina, ihm ihren ersten Mahnbrief zu schreiben. *„Wendet Eure Liebe ab von Euch selbst und den Geschöpfen, ohne Rücksicht auf Freunde und Verwandte. Ich habe vernommen, dass Ihr Kardinäle ernannt habt. Ich glaube, dass es für Gottes Ehre besser wäre, wenn Ihr dabei tugendsame Männer wählen würdet. Wenn Ihr das Gegenteil tut, so ist das eine große Beleidigung Gott gegenüber und der Untergang der Kirche. Tut also das, was Euch zu tun aufgegeben ist!"*

Das Jahr 1375 ist für sie in jeder Hinsicht ein bemerkenswertes Jahr. Die meiste Zeit hält sie sich in Pisa und in Lucca auf, wo sie inzwischen als Kreuzzugspredigerin auftritt. Dazu muss man verstehen, was „Kreuzzug" eigentlich bedeutet. Es handelt sich dabei um den Versuch, die christliche Gemeinschaft, wie sie zur Zeit Jesu bestanden hat, wiederherzustellen und den verfolgten Christen in den eroberten Gebieten beizustehen. Es war den Menschen des Mittelalters ein Greuel, dass beispielsweise Nordafrika, das über Jahrhunderte die Wiege des Christentums gewesen war, gänzlich an das osmanische Reich gefallen war. Auch die vielen Wirkungsstätten Jesu oder der Propheten sowie die von Kaiser Konstantin erbaute Grabeskirche, die Geburtskirche, die heilige Stadt Jerusalem und vieles mehr gehören dazu. Es ist dies die Zeit, als sich der Glaube mit dem Reliquiar verbunden hatte und dieses sich in fremden Händen befand. Hinzu kam, dass selbst das heilige Konstantinopel mit all seinen christlichen Schätzen und Bauwerken zusammen mit den christlichen Brüdern der Ostkirchen in die Hände der Osmanen gefallen war. So stand auch hier deren Rettung im Vordergrund.

An diesem Punkt sind Gregor und Caterina eines Sinnes. Ihre Zeit kennt nur die streitbare Möglichkeit der Beilegung eines solchen Problems. Caterina ist fest überzeugt, dass es höchste Zeit ist, den Verfolgten in den eroberten Gebieten zu helfen. Sie geht sogar so weit, dass sie persönlich in Männerkleidung am Kreuzzug teilnehmen will, womit sie etwas sehr Ungewöhnliches bewirkt: viele Frauen melden sich freiwillig an diese Front.

Wenn Frauen in den Krieg eingreifen, bekommt dieser oft eine ganz andere Wendung. Das hat nichts mit der heutigen Situation einer modernen Soldatin zu tun. Frauen im Militär sind heute weltweit nichts Außergewöhnliches mehr.

Damit haben sich die Frauen, wenn man es so will, um das Besondere einer solchen Maßnahme gebracht, denn die Geschichte zeigt, wenn Frauen, die eigentlich nichts dort zu suchen hatten, auf dem Schlachtfeld erschienen, erreichten sie meistens den Sieg ihrer Partei. Die japanische und die indianische, genauso aber unsere eigene Geschichte wissen davon zu berichten. Im alten Ägypten wurde Seth von Isis besiegt, Nofretete steht an der Stelle ihres Mannes auf dem Streitwagen und besiegt dessen Feinde. Unter den Kriegsgöttern der Griechen ist eine für ihre Schönheit und Weisheit verehrte Frau: Pallas Athene. Die Hindus kennen in ihrer Entstehungsgeschichte die Legende, dass ihr Gott Shiva von einem Heer besiegt wurde, das eine Königstochter anführte, seine spätere Gemahlin. Auch die Bibel weiß von solchen Frauen zu berichten: Deborah, die im Rüstzeug der Männer für Israel den Sieg erringt, oder auch Judith, die Ähnliches bewirkt. Der Frankenkönig Chlodwig erkennt, dass er ohne seine Frau die Schlacht verloren hätte. Und letztendlich darf auch ein Blick in die Genesis hierzu riskiert werden. Eva, zweifellos von Gott verflucht, wird aber auch gleichzeitig zur Streiterin gegen die Schlange bestellt. Dabei handelt es sich natürlich nicht um eine militärische Wehrpflicht, sondern um eine geistige. Eva, die die Schlange zertritt, ist eines der herausragenden Elemente des christlichen Denkens im Mittelalter. Darauf hat die gesamte Menschheit gewartet.

Caterina hätte sich daher in guter Gesellschaft befunden und zweifellos eine große, wenn nicht sogar vernichtende Wirkung erzielt. Gregor ist ihrem Enthusiasmus nicht abgeneigt, aber er zögert, seinen „heiligen Schrecken" auch einzusetzen. Später kommen sie nicht mehr dazu, ihr Vorhaben umzusetzen. Das ist gut so, denn beide, Gregor und Caterina, wären in ihrer Rolle unglaubwürdig geworden, wenn sie sich auf einen Krieg eingelassen hätten. Schließlich lautete das Motto dieses Papstes: *„Bevor wir nach außen streiten, müssen wir nach innen Frieden halten.“* Und dieser Frieden ist noch lange nicht in Sicht.

Caterinas Nachfolgerin im nächsten Jahrhundert wird erfolgreicher sein. Jeanne d´Arc, die in einem sehr ähnlichen Verhältnis zum französischen König steht wie Caterina zum Papst, wird das umsetzen, wovon Caterina von Siena noch träumt, und Jeanne d´Arc wird es mit ihrem Leben bezahlen.

Die Weltgeschichte zeigt, dass die Anwesenheit von Frauen auf dem Schlachtfeld die kämpfenden Männer oft zu unvorstellbarer Tapferkeit antreibt, sodass Kräfte freigesetzt werden, die ein Befehlshaber nicht aus sich heraus und schon gar nicht durch Zwang hervorbringen könnte.

Stigmata, nur etwas für Leichtgläubige?

Caterina hat ein weiteres einschneidendes Erlebnis am 1. April 1375 in Pisa. Dort empfängt sie in der Kirche Santa Christina ihre Stigmata. Sie selbst berichtet über dieses Ereignis in einem Brief; Raimund, der mit anderen Freunden anwesend ist, schildert das Gleiche. Er beobachtet, wie sie kniend vor dem Kreuz in einen nahezu bewußtlosen Zustand verfällt. Niemand wagt es, sie anzusprechen. Anschließend berichtet sie Raimund, wie sie mit den Schmerzen des leidenden Christus durchbohrt worden ist.

Stigmatisierung ist ein schwierig zu erklärender Begriff für den modernen Menschen. Uns ist schließlich noch kein Mensch damit begegnet. Oder vielleicht doch? Stigmatisierung setzt kein immerzu geheiligtes Leben eines Menschen voraus, denn keiner könnte eine solche Voraussetzung erbringen, auch nicht die, die uns als Heilige genannt werden. Es handelt es sich dabei um einen Augenblick der Gottesbegegnung, der so durchdringend ist, dass der Mensch eigentlich dabei sterben müsste. Stigmatisierung im religiösen Sinne ist der Moment, in dem der Mensch vollkommen im Leiden Chrisiti aufgeht, ein fast transzendenter Prozess. Dem geht eine innere Erschütterung voraus, die sich äußerlich nicht bemerkbar machen muß. Es handelt sich um eine Erschütterung, die alles Erfahrene um ein vielfaches übertrifft. Ein kurzer, alles durchdringender Moment, der viel von dem Satz in sich trägt: *„Ich will diesen Tempel einreißen und wieder aufbauen."*

Das erfährt Caterina in Pisa, die kurze Berührung des leidenden Christus im Geiste, die ihre Spuren hinterlässt. Caterina bittet darum, dass die Male nicht sichtbar werden, damit sie von der übrigen Welt nicht mißverstanden wird. So wird sie vom Leiden Jesu zwar durchbohrt, aber die Menschen sehen es nicht, oder besser gesagt, sie nehmen die Stigmata nicht wahr, obwohl sie für Caterina und auch ein paar andere erkennbar sind. Erst nach ihrem Tod erscheinen diese Male deutlich sichtbar. Das Wichtige ist ja nicht die äußerliche Erscheinung der Stigmata, sondern die innere Sicherheit und Freude, die sie ihrem Empfänger in der Verrichtung seiner schweren Aufgaben vermitteln. Der Gekreuzigte versichert hier Caterina, die sich wie jeder andere Mensch vor ihren oft unvorstellbaren Aufgaben fürchtet, seiner persönlichen Gegenwart. Das wiederum spüren auch die Menschen, die ihr begegnen, ganz ohne dass sie die Stigmata vorzeigen müsste. Der berühmteste Stigmatisierte dieser Art ist Paulus, der von sich selbst schreibt: *„Ich trage die Kennmale des Herrn.“* Franz von Assisi gehört ebenfalls dazu. Sie alle haben eines gemeinsam: eine völlig überraschende, nicht geplante, transzendente Begegnung mit Gott, und nur darauf kommt es an.

Die äußere Erscheinung würde die Träger dieser Zeichen keineswegs glaubwürdiger machen, eher noch das Gegenteil ist der Fall. Man würde ihnen vorwerfen, sie hätten vielleicht selbst nachgeholfen, oder, ein im Mittelalter weiteres beliebtes Argument, sie hätten sich der Magie bedient. Und jenen, die ein Stigma nicht sichtbar tragen, würde man damals wie heute sagen: Alles Einbildung. Daher macht auch Caterina nur Raimund und ein paar andere zu ihren Zeugen und verleugnet im Übrigen ihre Kennmale, denn nicht für die anderen sind diese wichtig, sondern einzig und allein für denjenigen, der sie empfängt. Es ist eine Gnade, in der er steht. Jedes andere Verhalten wäre Eitelkeit und könnte den Träger tatsächlich eines falschen Zeugnisses überführen. Daher bleiben die Male für die Welt oft unerkannt.

So ist auch Caterinas Gotteserfahrung für die meisten Menschen unsichtbar. Sie straft aber alle ihre Zweifler Lügen, als man in Ruhe den toten Leib betrachten kann und jedermann die Male erkennt. Gregor mag davon gewusst haben. Für ihn ist ihre Gottesbegegnung fast wie eine eigene, sodass er sich dieser Frau anvertraut. Aber selbst er verfällt dem Zweifel, als er sich im fein gesponnenen Netz der Königin von Neapel verfängt. Es steht zu befürchten, dass es dieser Zweifel und vor allem dieser Umgang waren, die ihm zum Ende das Leben gekostet haben. Gregor selbst jedenfalls kann die deutlich gewordenen Kennmale am toten Leib der Santa nicht mehr betrachten. Er stirbt noch vor ihr.

Die Enthauptung des Niccolo di Toldo

Im Jahr 1375 schaukelt sich die Auseinandersetzung zwischen den freien italienischen Städten und dem Papst weiter hoch. Er versucht sich den Gehorsam zu erzwingen, den Liebe und Zuneigung vielleicht von selbst geschaffen hätten. Schon zweihundert Jahre zuvor schrieb der Theologe Abelard, dass es eine Unterwerfung aus Furcht und eine Unterwerfung aus Liebe gibt und dass natürlich die Letztere die richtige Wahl ist.

Die antipäpstliche Liga unter der Führung von Florenz bildet sich. Gregor hat seinen Umzug nach Rom fest geplant. Auch will er sich militärisch mithilfe des Herzogs von Savoyen in Italien durchsetzen. Von seinem Umzug lässt er dann wegen der Aufstände in Mailand wieder ab. Caterina bemüht sich weiter, zwischen allen Fronten zu vermitteln.

Die Situation ist ihnen längst aus den Händen geglitten, sie fordert bereits unschuldige Todesopfer. So berichtet uns Tommaso Caffarini, der zweite Beichtvater Caterinas, von einer abscheulichen Begebenheit in Siena. Politisch steht Sienas Regierung auf Seiten der antipäpstlichen Liga. Die Nachbarstadt Perugia, Ort von Pierre Roger de Beauforts Studienzeit, bleibt weiterhin papsttreu. Dort amtiert nach wie vor der päpstliche Legat aus Frankreich, Gérad de Puy, der mit despotischer Härte regiert. Anstatt nach seiner Wahl in Perugia wegen der vielen Beschwerden einzugreifen, lässt Gregor ihn weiterhin gewähren. Er wird sich vorwerfen lassen müssen, er selbst sei auch nicht ganz unschuldig am Entstehen des Brandherdes von Oberitalien.

Niccolo di Toldo, ein papsttreuer junger Adelsmann, nimmt auf die Empfehlung Gérad de Puys beim obersten Senator von Siena, Pietro del Monte Santa Maria, eine Anstellung an. Caterina schätzt diesen Senator sehr und leitet auch seine Politik durch ihre Briefe. Niccolo di Toldo stammt aus Perugia und es ist nicht auszuschließen, da er von hohem Adel ist, dass er Pierre Roger dort kennengelernt hat. Er begeht in der politisch äußerst angespannten Situation nur einen Fehler: Er äußerst seine Bedenken über die Stadt Siena, die sich vom Papst losgesagt hat. Das allein reicht aus, um ihn von der „Bürgerpartei" verhaften zu lassen.

Der Vorfall erinnert sehr an das, was in der Geschichte keineswegs neu ist. Lehnt sich das Volk erst einmal gegen die herrschende – oft unterdrückende und ausbeutende – Oberschicht auf, wie in diesem Fall gegen den Kirchenstaat, kommt es zu verheerenden Exzessen, weil sich dann eine unbändige Wut über maßlos verübtes Unrecht wie eine Urflut über dic Unterdrücker von einst ergießt. Meist kommt es erst dann zu derartigen Exzessen, wenn die eigentlichen Verursacher schon längst von der Bühne abgetreten sind. Die französische oder die russische Revolution sind traurige Beispiele. Es wird nicht mehr nach Schuld oder Unschuld gefragt, sondern nur noch ob man zu der verhassten oberen Schicht gehört.

Das widerfährt auch Niccolo di Toldo. Sein junges Leben wird mit einem politischen Urteilsspruch einfach ausgelöscht. Denunziert, verhaftet, verurteilt, ähnliches hat sich auch in unserer gegenwärtigen

Geschichte ereignet. Am 4. Juni 1375 wird der junge Mann verhört. Das Urteil ist schnell gefällt. *„Er habe unter der Bürgerschaft Sienas Zwietracht gesät und dadurch der Ehre der Regierung und des Senators Schaden zugefügt und werde mit der ganzen Strenge des gegenwärtigen Gesetzes bestraft.*" So einfach geht das, ein Federstrich, mehr nicht. Eine vom Zeitgeist verblendete Justiz hat zugeschlagen, gewiss kein Einzelfall in der Geschichte.

Und der Jurist unter den Päpsten, für den Niccolo di Toldo ja eingetreten ist, was unternimmt er? Sitzt er nicht weit weg von all dem in Frankreich hinter sicheren Festungsmauern und lebt das Leben des Hochadels mit aller dazugehörigen Dekadenz und Selbstgerechtigkeit? So ähnlich mag auch die papsttreue Liga gedacht haben. Ob sie damit recht hatte, das entzieht sich letztlich unserer Kenntnis. Denn eines ist gewiss, Gregor hat sich die Gerechtigkeit auf die Fahne seiner Amtszeit geschrieben; ob und inwieweit er sie in diesem Fall tatsächlich umsetzt, bleibt dem heutigen Betrachter verborgen, was aber nicht heißen muss, dass ihn das Drama von Siena nicht persönlich berührt haben wird.

Niccolo di Toldo, ein junger Mann von großen Fähigkeiten, wird wahnsinnig über das an ihm begangene Unrecht. Er ist in seinem Kerker nicht mehr zu bändigen. Wer schon einmal – auch weitaus geringeres – Unrecht erfahren musste, der kann verstehen, dass dieser Umstand in den Wahnsinn treiben kann. Soll ein Mensch durch „falsche Gerechtigkeit" auch noch das Leben verlieren, kann nur noch seine Abwendung von Gott die schwerwiegende Folge sein. Das ist die eigentliche Gefahr, in der Niccolo schwebt. Kein Mensch vermag ihn noch zu beruhigen, auch der eilends herbeigeholte Tommaso Caffarini nicht, der jedoch Caterina einzuschaltet. Caterina besucht den Unschuldigen, der sich in seiner Verzweiflung nun nicht nur vom Papst abwendet, der ihm nicht beisteht, sondern auch von Gott. Angesichts eines solchen Schicksals kann man wirklich den Glauben verlieren. Und das geschieht: Niccolo will nichts mehr von Papst, Kirche oder Gott wissen. Er verweigert jedem Priester das Gespräch und lehnt auch die Beichte ab.

Caterina geht nicht gleich zu ihm, sondern betet zunächst in den frühen Morgenstunden für den Unglücklichen. So berichtet es Simon von Cortona, einer ihrer Schüler. Danach geht sie zu Niccolo ins Gefängnis und es gelingt ihr, ihm seine ganze unfassbare Situation begreiflich zu machen. Mit großer mütterlicher Liebe tröstet und ermutigt sie ihn. Niccolo legt in ihrem Beisein die Beichte ab und lässt sich wie ein Lamm zur Schlachtbank führen.

Was ist im Inneren des Gefängnisses geschehen? Caterina ist es gelungen, ihm seine Lage annehmbar zu machen, indem sie ihm erklärt, dass niemand Geringerer als Jesus selbst auch Opfer einer politischen und allzu selbstgerechten Justiz geworden ist. Auch Pilatus wusste, dass er sich schuldig an einem Unschuldigen machte. Er gab dennoch dem gesellschaftlichen und politischen Druck nach und glaubte, sich von seiner Schuld wieder reinwaschen zu können. Doch so einfach ist das leider nicht. Niccolos Richter ging den Weg des Pilatus, der Verurteilte aber den Weg Jesu. Wer von beiden steht sich in seiner Todesstunde besser?

Genau das wusste Caterina dem Verzweifelten zu erklären und konnte ihm damit helfen, seinen Fall so zu verstehen, dass sein Leben nicht unnütz weggeworfen würde. Jesus selbst fragte seine Anhänger: „Könnt ihr den Kelch trinken, den ich trinken werde?“, und fügte auf die Bejahung seiner Freunde hinzu: „Mehr noch werdet ihr tun“ und „um meines Namens willen wird man euch vor die Gerichte bringen.“ Niccolo hatte die Wahrheit gesagt, und das kostete seinen Kopf. Damit steht er einem Stephanus in nichts nach. Auch der hatte die Wahrheit gesagt und musste dafür sterben. Im Tod konnte dieser bis in den Himmel blicken und uns mit letzten Worten ein Bild davon schildern. Genauso ergeht es nun auch Niccolo.

Caterina bleibt die ganze Zeit bei ihm. Noch im Kerker bittet er sie um ihre persönliche Anwesenheit bei seiner Enthauptung. Als sie ihm die Zusage macht, antwortet er: *„Es scheint mir tausend Jahre zu dauern, um zu der himmlischen Hochzeit zu gehen, da die schönste Seele mir versprochen hat, mich zu begleiten.“* Caterina hatte den mystischen Tod erlebt, sie vermochte nicht nur die weltliche Situation des Adeligen zu erklären, sondern konnte ihn gewiss auch darüber beruhigen, was danach kam. Am nächsten Morgen macht Caterina sich noch vor der Hinrichtung auf, um an der Hinrichtungsstätte für Niccolo zu beten. Sie berichtet, dass sie dabei seines Heils versichert wird. Als man ihn bringt, ist er vollkommen ruhig und zuversichtlich. *„Ich bin zufriedener denn je“*, sagt er. Caterina legt selbst ihren Kopf auf den Richtblock, um es dem Verurteilten so leicht wie möglich zu machen. Danach legt er den Kopf hinein und ruft in einem fort: *„Jesus, Maria und Caterina!“* Sie kniet davor und erfüllt die blutige Aufgabe des Henkersknechtes, seinen Kopf zu halten. Als das Beil zuschlägt, nimmt sie seinen Kopf entgegen. Die ganze Zeit über hat Caterina die Augen in den Himmel gerichtet, was die Umstehenden sehr verblüfft. Sie erklärt später dazu, dass sie überhaupt keinen Menschen mehr um sich herum wahrgenommen habe, sondern sie habe den Himmel offenstehen sehen, wie im Falle des Stephanus, und *„sie habe Christus gesehen, der aufgrund seiner heiligen Passion das zu Unrecht vergossene Blut dieses Lammes angenommen habe."* Weiter schildert sie den Vorgang: *„An diesem Punkt nahm er die glückliche Seele in sein Reich auf. Bevor sie dort einging, drehte sie sich noch einmal zu mir um."*

Interdikt – Gregor, kein Papst zum Anfassen

Nachdem sie Niccolos Haupt empfangen hat, konfrontiert Caterina die Leute von Siena mit dem begangenen Unrecht und trägt den blutigen Kopf durch die Stadt, in dem sie ausruft: *„Seht das liebenswerteste Haupt Italiens!"* Sie wird so manch einen Selbstgerechten damit schockiert haben. Aber auch in ihr selbst scheint hier der Entschluss zu reifen, nun endlich auf den Papst, für den Niccolo eingestanden ist, einzuwirken, dass er sein Exil in Avignon verlässt und nach Rom zurückzukehrt.

Noch im selben Monat schließt die päpstliche Kurie einen Friedensvertrag mit den Visconti in Mailand. Gleichzeitig wird Gregor von den Königen von Frankreich und England um Vermittlung im Hundertjährigen Krieg gebeten. Gregor gibt aus diesem Grunde erneut den Umzug nach Rom auf. Rom und das ganze papsttreue Oberitalien sind empört über seine Hinhaltetaktik, was sich nun seinerseits wieder Florenz zunutze macht, um die enttäuschten Städte mit in die Liga zu holen. Während einer Hungersnot in ganz Oberitalien in den Jahren 1374 und 1375 enthält Gregor den Städten die Lebensmittelrationen vor, um sie in den Gehorsam zu zwingen. Florenz macht mobil gegen ihn. Gregor reagiert auf all diese Vorkommnisse überaus intelligent und gewissenhaft, aber oft mit Zwang und nur mit wenig Liebe.

Caterina scheint hier schon Kontakt zu Gregor zu pflegen, denn auf ihre Bitte hin überträgt der Papst die Insel Gorgona den Kartäusern von Calci und macht den Mönchen 1000 Golddukaten zum Geschenk. Solche Begebenheiten sind ein deutlicher Beweis von Gregors Vertrauen in Caterina und auch ein Beweis seines unerschöpflichen Wohlwollens, wenn Caterina ihn um etwas bittet. Als Caterina die Mönche dort im Jahr 1375 besucht, wohnt sie in einem abgelegenen Haus. Bei der Abreise lässt sie auf Frage des Priors ihren Mantel zum Andenken dort.

Bologna schließt sich der antipäpstlichen Liga an. Die Mächtigen haben keinen größeren Feind als Hunger und Elend des Volkes. Anstatt über seine Art, mit den Menschen umzugehen, nachzudenken, kommt der junge Papst auf nur einen Gedanken: Noch mehr Zwang und noch mehr Druck. So wie Caterina die Florentiner ständig zum Gehorsam mahnt, genauso ermahnt sie den Papst zur Liebe. Unermüdlich will sie ihm die Liebe zu seinen Untertanen abringen, denn das Allheilmittel zum Gehorsam ist die Liebe und nicht der Zwang. Nur ein knappes Jahr später verhängt Gregor dann das Interdikt über die führende der revoltierenden Städte, Florenz.

Mit dem am 31. März 1376 verhängten Interdikt droht Florenz unterzugehen. Dazu muss man wissen, was es im Mittelalter bedeutete, unter das Interdikt des Papstes zu geraten. Die Städte wurden als vogelfrei erklärt, das hieß, die Rechtsordnung war aufgehoben und jedes Söldnerheer konnte, wie es ihm gefiel, über eine solche Stadt herfallen und über alles Eigentum darin verfügen. Die Städte unter einem Interdikt waren also der Barbarei ihres Umfeldes ausgeliefert. Hinzu kommt der geistliche Bannspruch, der den Menschen dieser Zeit schwer zu schaffen machte, sodass man nicht leichtfertig über einen solchen Ausstoß aus der Kirchengemeinschaft hinwegging. Der ganzen Stadt wurde die Teilnahme an jeglichen liturgischen Abläufen verboten. Es war untersagt, die Messe zu lesen, Andachten zu halten oder Sakramente zu spenden, und alle Bewohner waren von der Eucharistie ausgeschlossen. Die Toten wurden ohne geistlichen Segen unter die Erde gebracht. Für die Menschen des Mittelalters war dies ein Abschnitt von allem religiösen Leben. Hinzu kommt das mit einem Interdikt verbundene Handelsembargo. Die Banken wurden geschlossen. Händler durften die Stadt nicht mehr betreten. Sie blieb ohne jede Versorgung von außen.

Ein Interdikt zerstörte daher nicht nur das Glaubensleben der Bürger, sondern es konnte die blühendste Stadt, so wie Florenz, mit einem Federstrich zunichte machen. Zusätzlich entsendet Gregor ein Söldnerheer bis vor die Tore der Stadt. Man mag ihm zugutehalten, dass er sich und die Kirche durch das Pulverfass Oberitalien bedroht sieht. Dieses Heer untersteht niemand Geringerem als dem Kardinal Robert von Genf, der sich später noch einen unwürdigen Namen machen wird. Doch die Florentiner lassen sich von dieser gewaltigen Bedrohung nicht einschüchtern. Die Stadtväter erklären kurzerhand, die Florentiner seien keine Heiden. Nun unternehmen sie aus Protest alles, was ihnen an christlichen Bräuchen nicht genommen worden ist. Das heißt, sie halten sich an das Verbot der Messe, aber stattdessen führen sie sonntäglich große Prozessionen durch, an denen viele Menschen teilnehmen. Sie beschränken sich auf Wortgottesdienste und beginnen damit, ihre Heiligen durch die Stadt zu tragen. An jeder Ecke predigen nun die Priester, die ja selbst auch unter die Strafe des Papstes gefallen sind, und es entsteht in allen vom Interdikt betroffenen Städten eine starke, eigenwillige, aber umso ehrlichere Glaubensgemeinschaft. Man möchte fast meinen, dass ohne Caterinas Vermittlung zwischen diesen beiden verhärteten Fronten es beinah schon im 14. Jahrhundert gelungen wäre, eine Glaubensspaltung zu provozieren. Caterina tauscht Briefe mit allen Beteiligten aus. Sie ermahnt die einen zum Gehorsam und den anderen zum liebenden Umgang mit seinen Untertanen. Als der Konflikt sich weiter zuspitzt, macht Caterina sich auf, um Gregor persönlich zu sprechen.

Ihre Worte fallen wie Feuer

Im Mai 1376 reist Caterina nach Avignon. Zuvor hatte sie Raimund, der ebenfalls zur Versöhnungsaktion dorthin unterwegs war, einen Brief an Gregor mitgegeben. Caterina weiß selbst, dass sie am Autoritätsbewusstsein des Papstes nicht zu rütteln braucht und wahrscheinlich will sie es auch gar nicht . So schreibt sie ihm: *„Ja, die Florentiner haben Unrecht getan, aber sie haben so viel* *mitgemacht durch die Ungerechtigkeiten schlechter Hirten und Sachverwalter, sodass sie keine Alternative mehr sahen.*" Es steht außer Zweifel, auf wessen Seite Caterina Stellung bezieht. In ihrem ersten erhaltenen Brief an Gregor schreibt sie: *„Ich wünschte, Ihr wäret jener wahre und gute Hirte, der selbst hunderttausend Mal sein Leben zur Ehre Gottes und zur Rettung seiner Geschöpfe dahingäbe.*"

Die Santa aus Siena setzt all ihre Hoffnung in diesen neuen Papst, aber sie wird lernen müssen, dass er ihr zwar immer gewogen, ja zugetan ist, aber ihren Anspruch auch nicht immer erfüllen kann. Gleich im ersten Schreiben muss Gregor sich ihre Vorwürfe anhören. Er ist für sie der *„Christus auf Erden*". Doch scheint sie dabei den Menschen Pierre Roger de Beaufort aus dem Blick verloren zu haben, der sich selbst ganz gewiss die höchsten Ziele gesteckt hat, der aber auch weiß, wer er ist, und sich von der Heiligen aus Siena nichts sagen lassen will. Dennoch: Nach längerem Hin und Her bestellt er Caterina nach Avignon und bemüht sich jetzt sogar persönlich um die italienischen Angelegenheiten. Caterina stellt daraufhin bei ihm *„eine zärtliche Friedensliebe*" fest.

Er bittet selbst den Dogen von Venedig und die Königin von Neapel um Vermittlung zwischen ihm und den italienischen Städten. Hier hat Gregor in seiner guten, friedlichen Absicht einen Fehler begangen. Seine Bitte um Friedensvermittlung zu bitten, ist bestimmt aufrichtig, sich damit jedoch an die Königin von Neapel zu wenden, ist dasselbe, als wolle er den Teufel mit dem Beelzebub austreiben. Johanna, eine Tochter der Provence und Königin von Neapel, ist seine engste Vertraute, an die er sich in seinen schlechten Stunden wendet. Sie aber ist die Feindin seines ganzen

Kirchenstaates. Erst wenige Tage vor seinem Tod begreift er, dass sie ein überaus grausames, tödliches Spiel mit ihm getrieben, seine Macht und sein Vertrauen benutzt hat, um den Kirchenstaat einnehmen zu können. Wenn zwei sich streiten, freut sich bekanntlich der Dritte. Es ist also, als habe Gregor versucht, das Feuer in Oberitalien mit Pech und Schwefel zu löschen. Es konnte nicht gelingen. Hätte er sich so sicher auf die Santa aus Oberitalien gestützt wie auf die Königin von Neapel, ihm und der Welt wäre einiges vielleicht erspart geblieben.

Caterina schreckt vor harten Worten nicht zurück und tritt ähnlich konsequent auf wie ihre Vorgängerin Brigitta von Schweden. Diese hatte dem letzten Papst geschrieben, nachdem sie erfuhr, dass er ihren Brief zerrissen hatte: *„Ebenso werden die Staaten des Papstes zerrissen werden, wenn er nicht innerhalb eines Jahres nach Rom zurückkehre."* Sie sollte damit recht behalten, denn nun hat Gregor mit dem Abfall der papsttreuen italienischen Städte zu kämpfen. Caterina führt die Abspaltung der Städte auf untragbare Zustände bei den geistlichen Würdenträgern zurück und wird ähnlich deutlich wie Brigitta: *„Diejenigen, die den Menschen das Blut Christi reichen sollten, also ein Amt der Engel übernommen haben, leben erbärmlicher als die Laien. Des Teufels Amt haben sie übernommen. Sie sind nicht die Wächter, sondern die Räuber der Seelen!"* Beobachtet man die weiteren Entwicklungen, hat auch sie recht behalten.

Obwohl Raimund als Unterhändler in Avignon weilt und die Florentiner einlenken, verhängt Gregor dennoch das Interdikt. Caterina hat erkannt, woher der Wind weht, als sie ihm Ende März schreibt: *„Ich beschwöre Euch, liebster Vater, hört nicht auf die teuflischen Ratgeber!"*

Sie fleht ihn an, Milde gegen die aufständischen Städte walten zu lassen. *„Denn die Weisheit weiß, dass durch nichts das Herz des Menschen mehr überzeugt wird als durch die Liebe. Der Mensch ist ja aus Liebe zur Liebe geschaffen. In Liebe schuf Gott ihn nach seinem Bild."* Alles, was sie ihm sagen will, hat der geniale Geist Gregors verstanden, nur nicht den Appell an seine Liebe, wie es scheint. Aber Gregor lässt sich in keiner Beziehung so richtig in die Karten sehen, daher bleibt uns seine durchaus liebevolle Persönlichkeit meistens verborgen.

Es heißt, dass Raimund zwischen beiden übersetzen muss, weil der Papst Caterinas Dialekt nicht versteht. Die Wahrheit aber ist, sie hätte genauso gut chinesisch reden können. Gregor hat noch keinen Zugang zu den Flammen der Liebe, der Güte, der Milde und der Gnade, die aus ihrem Herzen schlagen, um den Frieden zu bringen. *„Liebster Vater, ich sehe für Euch kein anderes Mittel, um Eure Schafe wieder der Herde zurückzuführen. Gewährt mir diese Gnade: Überwindet die Bosheit Eurer Gegner mit Eurer Güte."* Weiter erklärt sie ihm, warum es so weit gekommen ist: *„Die abscheuliche Lebensweise Eurer Gouverneure – sie sind eingefleischte Teufel."* Schon Anfang März drängt sie ihn: *„Ach, ich sterbe vor Schmerz, heiligster Vater, und kann doch nicht sterben. Kommt, oh kommt (nach Rom) und widersetzt Euch nicht länger dem Rufe Gottes."*

Nachdem die so gut gemeinte Vermittlungsbitte des Papstes an die Königin von Neapel fehlgeschlagen ist, schreibt Caterina: *„Rottet die stinkenden Blumen aus Eurem Garten aus und werft sie weg und pflanzt die duftenden in Euren Garten ein."* Allgemein geht man davon aus, dass hier die Reform der Kirche gemeint ist. Das ist bestimmt richtig, aber es scheint schon hier der Punkt zu sein, an dem Caterina ihn vor seinen falschen Ratgebern warnen will. „*Nicht aus eigener Kraft werdet Ihr die sichtbaren und unsichtbaren Teufel, die ja nie schlafen, besiegen.*" Caterina hat längst den Kampf aufgenommen und der gilt seinem vertrauten Umfeld, von dem er einfach nicht lassen will. „*Ich beschwöre Euch, kommt bald. Hört nicht auf den Teufel, der schon jetzt um seine Niederlage bangt.*"

Im Mai hat sie die Vorladung an den päpstlichen Hof in Avignon erreicht. Sie schickt ihren engsten Vertrauten, den Adeligen Neri di Landoccio, mit einer Botschaft voraus. Neri begleitet sie fast überall hin und dient der Santa als privater Sekretär. Er ist ihr Lieblingsjünger. So begleitete er sie 1375 nach Pisa, 1376 nach Florenz und natürlich auch nach Avignon. Er hängt so sehr an ihr, dass er sich nach ihrem Tod in eine Einsiedelei zurückzieht. Ihr Ton Gregor gegenüber ändert sich nicht: „*Ich möchte Euch als echten Hirten sehen. Ich sage Euch das im Auftrag des gekreuzigten Christus. In Güte und Geduld, in Demut und Milde sollt Ihr Bosheit und die Arroganz Euer Söhne besiegen. Ihr solltet doch wissen, dass man den Teufel nicht mit dem Beelzebub austreibt.*" Ängstlich ist diese Caterina nicht. Genau das ist es, was Gregor so dringend in seinem dekadenten Umfeld braucht: Mut! Und den bringt sie mit. „*Frieden, Frieden, Frieden, mein liebster Vater, und nicht mehr Krieg!*" Der Schluss dieser Zeilen lässt darauf schließen, dass sie auf dem Wege nach Avignon ist. „*Ich bitte Euch, gewährt Neri, dem Überbringer dieses Schreibens, eine Audienz. Und da wir beide nicht schreiben können, was wir wollen, schlage ich folgendes vor: Wenn Ihr mir einen geheimen Auftrag übermitteln wollt, so teilt diesen mündlich dem Überbringer mit. Ihr könnt es mit gleicher Sicherheit tun, wie Ihr es auch von mir erwartet.*" Jetzt knistert es vor Spannung in diesem Brief. „*Wir können ja nicht schreiben, wie wir wollen.*" Das sagt zumindest aus, dass die eigentliche Essenz ihres Austausches uns verborgen bleiben wird. Zu gern möchte man dabei gewesen sein, wenn sie dann persönlich vor ihm steht und nun „sagen kann, was sie will", und er auch.

Vieles, was diese beiden so ungleichen Personen miteinander verbindet, werden wir nicht gewahr werden, und dass Raimund zwischen ihnen übersetzen musste, scheint doch eher eine Notlüge zu sein. Schließlich hatte Gregor in Caterinas Umgebung studiert und dort auch gelebt. Eher scheint es, dass sie den vertrauten Raimund hinzugebeten haben, um bei der Intensität ihrer Gespräche nicht ins Gerede zu kommen. Dieser Satz „Wir können nicht, wie wir wollen" könnte ein Hinweis darauf sein, dass Gregor und Caterina sich schon vorher kannten. Offensichtlich war Gregors Antwort auf ihr Drängen nicht eindeutig, sodass sie ihm aus Florenz ein weiteres Mal schreibt.

Dieser Brief ist kein Bittbrief mehr, er klingt schon mehr wie ein Befehl. Wie sehr muss diese Frau sich ihrer Sache sicher gewesen sein. *„Ich möchte Sie männlichen Geistes sehen, frei von Furcht und Selbstsucht und frei von fleischlicher Verwandtenliebe."* Walter Nigg erklärt das so: *„Caterina verfügte über eine prachtvolle Sprache des christlichen Mutes, die hell wie eine zum Kampf rufende Fanfare klingt."* Gregor ist bekannt dafür, dass er in der Kurie seine französischen Verwandten begünstigt, und schlimmer noch ist sein enges Verhältnis zur Schwester und zur Nichte, die in seiner Nähe wie an einem weltlichen Hof leben. *„Wie sehnt sich meine Seele danach, dass Gott Euch in seiner Barmherzigkeit Eure schlechten Neigungen und Eure Lauheit wegnehme und aus Euch einen neuen Menschen mache. Die Wahrheit zwingt mich, das zu sagen: Das ist sein Wille: Ihr solltet streng vorgehen gegen das Übermaß an Schlechtigkeit jener, die sich im Garten* *der heiligen Kirche mästen. Das Tier soll sich nicht mästen an der Speise der Menschen. Wenn Ihr das nicht wollt, wäre es besser, auf Eure Macht zu verzichten. Es wäre mehr zur Ehre Gottes und zum Heil Eurer Seele.*" Unverblümter kann man wohl kaum einen Machthaber auf die schweren Missstände in seiner Umgebung hinweisen.

„*Wenn Euch Euer Leben lieb ist, dann achtet darauf, dass Ihr keine Nachlässigkeiten begeht, und spottet nicht über die Weisungen des Heiligen Geistes.*" Wieso lässt Gregor sich das eigentlich gefallen? Die Schreiberin weiß, sie redet mit Vollmacht und sie beruft sich auf das biblische Wort Jesu, in dem es heißt: „*Lästerungen gegen den Vater können vergeben werden, Lästerungen gegen den Sohn können vergeben werden. Aber Lästerungen gegen den Heiligen Geist können nicht vergeben werden.*" Diese Frau spricht im Heiligen Geist, und sie weiß es. Hier zeigt das Lämmchen Caterina, die ihren Babbo herzlich liebt und immer auf seiner Seite steht, die Zähne - äußert gefährliche Zähne. Man bedenke das Erlebnis des Priesters, der sich über ihr Gebet lustig gemacht hatte. Gregor ist klug und auch demütig genug, diesen „Propheten" gewähren zu lassen. Auch das ist ein Hinweis, dass Gregor, der seine Autorität so vehement verteidigt, diese letztlich für seine Kirche verteidigt, nicht aber für die eigene Person, die die vielen Zurechtweisungen geduldig, ja demütig, annimmt. „*Ihr braucht nur die gottwidrige Lust und den Pomp dieser Welt auszurotten und die Ehre Gottes und das Beste für die Kirche zu verfechten.*" Es wird deutlich, dass Caterina hier einen Kreuzzug führt gegen Arroganz, Dekadenz, Selbstverliebtheit des Klerus, Selbstgerechtigkeit und die Abhängigkeit des Papstes von all dem. „*Wenn Ihr das Gesagte nicht tut, wird Euch der Zorn Gottes treffen. Ich an Eurer Stelle würde bangen vor dem drohenden Gericht.*"

Ein Elias hätte es dem König von Israel nicht anders sagen können. Diese Geschichte hier ist mindestens ebenso dramatisch wie die des Alten Testaments: Gregor steht wie König Ahab zwischen dem Gottesmann Elias und der falschen Prophetin, der Königin Isebell. Auch Elias drang unablässig in den König ein, ohne dass er ein Umdenken bewirken konnte. Ahab baute weiter seinen Elfenbeinturm und fühle sich absolut sicher unter dem Schutz der Zauberin Isebell. Erst als es zu spät war, erkannte der König von Israel, dass er aufs falsche Pferd gesetzt hatte. Elias kündigte ihm nach unzähligen Versuchen, ihn umzustimmen, den nahen Tod und den Untergang seines Hauses für die folgenden Generationen an. Ahab bereute vor Gott, als es zu spät war. *„Und die Hunde werden dein Blut lecken."*

Und was wirft Caterina dem Papst an den Kopf? *„Gehorcht dem Willen Gottes, damit nicht die Härte Gottes über Euch kommt: Verflucht seist du, weil du die dir gegebene Zeit und Macht nicht genutzt hast."* Und irgendwie wird man wird das Gefühl nicht los, dass diese Geschichte auch nicht anders enden könnte als die des Königs Ahab von einst. Doch Gregor erfüllt letztlich den Willen Gottes und erringt so den Sieg über die Einflussnahme einer machthungrigen Königin, und das macht in seiner Geschichte den Unterschied aus.

Zum Ende lenkt die Schreiberin etwas ein: *„Meine Angst um Euer Heil und mein großer Schmerz über Euer gegenteiliges Handeln haben mir diese Worte abgepresst. Wie gern hätte ich Euch persönlich gesprochen."* Vielleicht hat der Papst ihr eine Audienz verwehrt oder, schlimmer noch, auf ihre ersten Bitten gar nicht reagiert, dass sie hier mit der Macht der alten Propheten auftritt. *„Wenn Eure Heiligkeit nach mir verlangen, werde ich gern kommen. Enttäuscht mich* *nicht.*“ Und dann appelliert sie nicht an den Hirten, sondern doch lieber an den Juristen, damit dieser sie besser verstehen möge: *„Sonst müsste ich beim Gekreuzigten Berufung gegen Eure Entscheidung einlegen, dem einzigen, der mir noch bleibt, auf Erden habt Ihr ja niemanden über Euch.*“ Dieser Brief ist der einzige seiner Art und er zeigt deutlich, dass Gregor Caterina zum Äußersten gereizt haben muss. Denn wie Raimund es ausdrückt: Ihre Worte fallen wahrhaftig wie Feuer! So hat auch schon Raimund für diese scheinbar so harmlose Frau den Vergleich mit dem Feuerpropheten Elias gewählt. Gregor scheint sich denn doch zu bequemen, ihr die gewünschte Audienz zu geben. Dennoch rüstet er gleichzeitig zum Krieg und schickt Robert von Genf nach Oberitalien.

Caterina schreibt ein weiteres Mal. Sie kündigt ihr Kommen an und rät dem Papst, nach Rom zu gehen. *„Kommt ohne Kriegsmacht, nur mit dem Kreuz in der Hand, wie ein sanftes Lamm.*“ Gregor ist hin- und hergerissen zwischen Caterina und den Einflüssen des ganzen Hofes und kann sich einige Male nicht so ganz für Caterina entscheiden. Auch wenn Gregor letztendlich immer die richtige Wahl trifft, so wird die Königin von Neapel jedoch ähnlich unrühmlich enden wie einst die Königin Isebell. Nun mag man Raimunds Worte über Caterina, die zarte, unterernährte Frau, die Heilige aus Siena verstehen: *„Ihre Worte fielen wie Feuer.*“

Avignon, babylonisches Exil der Päpste

Die Auseinandersetzung mit dem Stauferkaiser Friedrich II. zwang die Päpste einst, um sich ihren Machtbereich zu sichern, ins Exil. Frankreich wurde als papsttreues Königreich dazu ausgewählt. Dieser Schritt entpuppte sich jedoch schnell als ein kapitaler Fehler. Denn dadurch hatten sich die Päpste dem Einfluss des französischen Hofes unterstellt, welcher alsbald überhandnahm, sodass die päpstliche Kurie nur noch aus Franzosen bestand. Rom, die Stadt des Petrus und Paulus, spielte in den kommenden Jahrhunderten keine Rolle mehr. Jeder Versuch eines rechtschaffenen Papstes, sich dieser Bevormundung wieder zu entziehen, wurde mit Gewalt bedroht, die auch an den betreffenden Personen geahndet wurde. Die Päpste konnten sich aus der Zwangslage, in die ihre Vorgänger sie hineinmanövriert hatten, nicht mehr befreien, und die nachfolgenden Generationen wollten es auch nicht.

Die Kurie wurde immer mehr zum weltlichen Hof, an dem der weltlichen Lust von Königshöfen gefrönt wurde. Das Papsttum hatte seine Wurzel verloren und war zum weltlichen Unterdrücker geworden. Dagegen machten insbesondere die deutschen Fürsten und die italienischen freien Städte mobil. Sie erklärten, an die Weisungen einer völlig verweltlichen Kurie nicht mehr gebunden zu sein. Somit verfügten die Päpste von Avignon zwar über starke weltliche Macht, aber nicht mehr über das, wozu sie als Nachfolger des Petrus berufen waren. Das Petrusamt wurde zum politischen Spielball und verlor jede Glaubwürdigkeit. Die Päpste wurden nicht mehr in der Apostelstadt Rom, sondern in Lyon gekrönt, der Stadt, in der Herodes nach seiner Verbannung aus Israel starb.

Nach zweijähriger Sedisvakanz kommt Johannes XXII. auf den päpstlichen Stuhl. Er erklärt endgültig Avignon zur päpstlichen Residenz. Sein Nachfolger

Clemens VI. kauft die Grafschaft Venaissin und die Stadt Avignon von Johanna von Anjou, der Königin von Neapel. Im Gegenzug erteilt er ihr die Absolution für den Mord an ihrem Gatten. Damit beginnt der päpstliche Niedergang. Johanna von Anjou ist alles andere als eine fromme Frau. Sie versteht ihr Geschäft und strebt nach Macht. Der Papst kauft seine Stadt von der schwarzen Witwe, und der Mord an ihrem Gemahl wird nicht der einzige bleiben. Ausgerechnet diese Frau wird es sein, zu welcher der spätere Gregor XI. seine Zuflucht nimmt. Dessen fatales Schicksal ist also vorprogrammiert. Caterina setzt sich später mittels Briefen mit ihrer Feindin und der Feindin der Kirche auseinander.

Clemens VI. baut Avignon endgültig zum weltlichen Hof um, an dem es für die christlichen Gebote keinen Platz mehr gibt. Von nun an besteht die Kurie nicht mehr aus Theologen oder Philosophen, sondern einzig und allein aus Juristen! Einen Einblick zum Sinneswandel mag hier die mittelalterliche Universität von Salamanca geben. Der Unterschied zwischen den der Hörsälen macht auch die Gesinnung der sich gegenüberstehenden Fraktionen deutlich. Während die Philosophen und Theologen im Hörsaal auf unebenen Holzbalken, die nicht einmal mit einer Lehne versehen sind, mit dem Schreibzeug auf den Knien ihr Studium absolvieren, spiegelt der Hörsaal der Juristen elitäre Selbstverliebtheit wider. Dunkelrot gepolsterte Stühle, von denen jeder einzelne einem Thron gleicht, stehen hier vor einzelnen kunstvoll gedrechselten Schreibtischen, vom Lehrstuhl ganz zu schweigen. Auch fehlt der übliche Treppenabsatz vor dem Lehrstuhl, auf dem gewöhnlich der Meisterschüler zu Füßen des

Lehrers studiert, was die höchste Auszeichnung eines mittelalterlichen Studiums ist. Im Hörsaal der Juristen, so hat es den Anschein, werden nur „Herren", aber nicht die „Schüler des Herrn" ausgebildet.

Caterina verrät uns in ihrem *Dialogus* ihren ganz eigenen Umgang mit den Juristen unter den Kardinälen, die doch eigentlich der Gerechtigkeit und den Menschen dienen sollten. Wie es damit aussieht, liest sich bei Caterina so: *„Die Gerechtigkeit leuchtete in den Auserwählten. Jetzt, sage ich dir, tragen diese unbedeutenden Winzlinge ein Juwel über ihren Herzen, das sich Unrecht nennt. Dieses Unrecht ist das Produkt ihrer Selbstgerechtigkeit und wird dadurch immer weiter noch gesteigert, denn mit ihrer Eigenliebe schaffen sie Unrecht gegen ihre eigenen Seelen als auch gegen Gott, verbunden mit ihrem düsteren Mangel an Entscheidung. Sie geben Gott nicht die Ehre, noch geben diese sich selbst durch die Gerechtigkeit eines heiligen, ehrenvollen Lebens oder dem Verlangen nach Erlösung der gefallenen Seelen oder dem Hunger nach Tugend. Also begehen sie Ungerechtigkeit gegen die Ihren und ihre Nächsten und machen sie nicht auf ihre Sünden aufmerksam. Stattdessen lassen sie sie in ihrer Krankheit weiterschlafen. Manchmal verhängen sie Strafen, um sich so den Mantel von ein bisschen Gerechtigkeit umzuhängen. Aber dabei werden sie nie Personen von großer Wichtigkeit bestrafen, auch dann nicht, wenn diese größerer Sünden schuldig sind als einfachere Leute. Das geschieht aus der Furcht, diese könnten ihnen weiter im Wege stehen oder sie sogar ihres Amtes entheben oder ihren Lebensstatus gefährden. Die kleinen Leute jedoch werden sie bestrafen, weil sie da sicher sein können, dass diese ihnen nicht schaden, noch ihnen ihr Amt wegnehmen können. Diese Ungerechtigkeit kommt von ihrem unbedeutenden Selbst, verliebt in sich selbst. Ihre Selbstgefälligkeit vergiftet die ganze Welt."* Caterinas

Urteil, das sie aus der Kontemplation mitbringt, ist vernichtend. Der Mensch, der Gott verlässt, kann nicht der Gerechtigkeit Gottes dienen. Denn wo Gott an der Gerechtigkeit in der Welt nicht mitwirken darf, bleibt der Mensch auf der Strecke. Mit ihrem Ausspruch hat die Santa es auf den Punkt gebracht: *„Gerechtigkeit ohne Barmherzigkeit ist Grausamkeit.“* Der Mensch wird zur Sache und mitleidlos sachlich behandelt.

Unter Clemens VI. ist das Petrusamt in falsche Hände geraten und die Nächstenliebe endgültig durch Eigenliebe ersetzt worden. Da mag ein Vergleich mit der Versuchung Jesu in der Wüste anstehen: „Wenn du mich anbetest, will ich dir die Herrschaft über die Welt geben.“ Der Sohn Gottes konnte dieser Versuchung widerstehen, Menschen können es nicht. Jede Abkehr von Gottesglauben und Gottes Geboten der Liebe ist schon die Anbetung des Gegenteils. Wer ein Mindestmaß an Gottesfurcht und Nächstenliebe nicht einhält und seine weltliche Macht ohne diese beiden Elemente ausübt, der hat seine Wahl getroffen. Ein Drahtseilakt zwischen den Fronten kann und wird nicht gelingen. So kann auch der Mensch sich nur Gott entweder zuwenden oder von ihm abwenden, dazwischen gibt es nichts.

Mit dem juristischen Geschwür in der Kurie war genau das geschehen, was Jesus ausgeschlagen hatte: Seine Kirche, die er auf Petrus bauen wollte, hatte die Macht der Welt an sich gerissen und damit ihre Seele verkauft. Vor diesem Hintergrund wird das beherzte Einschreiten Caterinas erst verständlich. Man mag einen Bestandteil von Gottes Plan im Wirken der einfachen Frau aus Siena erkennen. Denn wie heißt es im Matthäusevangelium: *„Auf dich will ich meine Kirche bauen,* *und die Mächte der Unterwelt werden sie nicht überwinden.*" Das heißt ja nicht, dass die Mächte der Unterwelt das nicht allzu gern versuchen möchten und bis zum gewissen Punkt darin sogar erfolgreich sein können. Es besagt aber auch, dass dies nicht vollends geschehen wird. Darum steht eine Caterina von Siena vor der Pforte dieser von der Übernahme bedrohten Kirche. Und nicht nur Caterina steht da, sondern auch Gregor. Denn er macht das möglich, wozu sie die Kirche ermahnt: Die Umkehr. Zunächst eine örtliche Umkehr, dann aber auch eine politische und spirituelle Umkehr.

Könnte ein einzelner politisch und gesellschaftlich unbedeutender Mensch gegen die damalige Weltmacht, in die sich die päpstliche Kurie verwandelt hatte, so entschieden auftreten, wenn ihm dazu nicht die Macht gegeben worden wäre? Gregors Aufgabe in diesem hinterhältigen Spiel wird es sein, einerseits das Christentum in seinem eigentlichen Auftrag zu bewahren und die gläubige Welt von der Herrschaft der Selbstverliebten zu befreien. Für ihn ist das ein fast unmögliches Unternehmen, wie es sich noch zeigen wird. Denn dazu muss er selbst, anders als Caterina, erst einmal allem abschwören, was ihm durch seinen menschlichen Werdegang ja auch „heilig" ist. Auch das kann nicht ohne Gottes Hilfe gelingen. Wer würde einen solch großen Sinneswandel vollziehen können und sich selbst entmachten? Genau das aber tut Gregor und das ist seine unvorstellbar große Tat vor Gott und der Geschichte. Caterina ist hier nur Hilfe, die Umkehr aber für die ganze Kirche und Christenheit, die muss Gregor vollziehen – und er macht es.

Gegen die weltliche Herrschaft einer Kirche, die nicht mehr christlich ist, lehnen sich die weltlichen Fürsten auf.

Deutschland und Italien rufen die Gläubigen auf, sich nicht an die Gebote des Kirchenstaates zu halten, da sie mit der christlichen Lehre nichts gemeinsam haben.

Papst Urban V. versucht sich als erster dem französischen Diktat und der Entfremdung der Kurie vom Christentum zu entziehen. Es zieht nach Rom um. Dort aber wird ihm, wie wäre es auch anders zu erwarten, so sehr zugesetzt, nicht zuletzt von den Visconti in Mailand, dass er bald schon zurück nach Avignon flüchtet. Das geschieht entgegen den Warnungen der heiligen Brigitta von Schweden, die wie später Caterina die Kirche mit mahnenden Worten zur Umkehr ruft. Brigitta hatte Urban gebeten, nicht zurück nach Avignon zu gehen, da er dort den Tod finden würde. Genau so geschieht es. Etwas, das auch seinen Nachfolger Gregor noch einschüchtern wird, da dessen Gegner genau dieselbe Warnung aussprechen, um nun ihn seinerseits von der Rückkehr nach Rom abzuhalten. Caterina wird ihrem Babbo diesen Zug als einen teuflischen aufdecken.

Urban V. starb am 10. Dezember 1370 in Avignon, und schon am 30. Dezember 1370 war der mit nur vierzig Jahren noch junge Franzose Pierre Roger de Beaufort zum Papst gewählt. Dies geschah, in der Annahme, er werde den Hof in Avignon und die Kurie in der weltlichen Macht halten. Zunächst sah es auch danach aus, obwohl er sich schnell als ein sehr gewissenhaftes Kirchenoberhaupt erwies, dem der eine oder andere Missstand seiner Gesellschaft auffiel, der aber mit den guten Vorsätzen oft noch in der Bevorzugung seiner Verwandten steckenblieb.

Erst als er damit beginnt, alle am Hof lebenden Äbte und Kirchenfürsten zurück in ihre Arbeitsbereiche zu schicken, wird erkennbar, dass die weltlich-französische

Kurie sich in ihrem Schützling gewaltig getäuscht hat. Das beweist auch sein Hilferuf, den er Caterina durch den Vertrauten der verstorbenen Brigitta von Schweden zukommen lässt. Diese hatte unverblümt im Namen Christi an den jungen, neuen Papst geschrieben: *„Beginne meine Kirche zu erneuern! Denn jetzt wird ein Bordell mehr in Ehren gehalten als die heilige Mutter Kirche!“*

Der Gestank der Sünden in der Kurie

Am 17. Februar.1376 reisen Raimund von Capua und Caterinas Lieblingsjünger Neri nach Avignon. Sie selbst bleibt vorerst noch in Italien und gründet dort ihr erstes Kloster, Belcaro, was ihr die Begegnung mit einem politischen Querdenker namens Nanni di Ser Vanni eingebracht hat. *„Bekannt als winkliger Advokat der Regierungspartei scherte er sich wenig um den Glauben“*, schreibt Raimund in seiner *Legenda*. Als dieser Nanni ins Gefängnis von Siena kommt, sucht ihn die Santa auf. Über mehrere lange Konversationen gelangt Nanni zurück zum Glauben. Caterina äußerte sich folgendermaßen dazu: *„Sorgt Euch nicht um ihn. Er, der ihn vor der Hölle bewahrt hat, wird ihn auch aus dem Gefängnis befreien.“* So geschieht es. Als Nanni wieder freikommt, schenkt er der Heiligen Kastell Belcaro, damit sie dort ihr eigenes Kloster gründen könne.

Belcaro ist zwar das Geschenk des neuen Mitglieds ihrer famiglia, noch mehr aber wird es zum besonderen Geschenk für Caterina. Papst Gregor erlaubt ihr mit päpstlicher Bulle, in Belcaro ihr eigenes Frauenkloster zu gründen. Der päpstliche Kommissar Fra Giovanni ist als Stellvertreter des Papstes bei der Gründung anwesend. Schon hier in Belcaro lässt sich Gregors Wohlwollen ihr gegenüber nicht leugnen. Hat er doch andere Sorgen als die Reform eines Klosters. Belcaro liegt etwa fünf Kilometer außerhalb von Siena. Der päpstliche Vertreter Giovanni wird zum engen Freund ihrer famiglia und ihr ergebener Schüler. Sie selbst ermutigt diesen nun seinerseits zur Gründung eines Reformklosters. Dieser Giovanni wird es sein, den sie oft um Rat nachsucht und der später an ihrem Sterbebett in Rom sitzt. Ihre Dankbarkeit Gregor gegenüber äußert sie noch einmal in ihrem letzten Brief an ihn: *„Dieser Brief wurde geschrieben in unserem neuen Kloster, dessen Gründung Ihr mir erlaubt habt. Es nennt sich Santa Maria degli Angeli, Maria von den Engeln.“* Ihr schwebt dabei ein dominikanisches Reformkloster vor. Sie ist Anfang 1376 sehr mit der Erbauung und der Mitgliederwerbung beschäftigt. Dennoch schreibt sie an Florenz und mahnt, man müsse den Krieg mit dem Papst beenden. Aber so richtig können die Florentiner nicht einlenken, und der Papst auch nicht. Florenz muss sich gleichzeitig gegen Horden von Söldnern wehren und kauft sich mit einem hohen Lösegeld von Plünderung frei. Raimund beschreibt seinen Eindruck von der Gesamtsituation: *„Als mich die Nachricht der Rebellion der Stadt Perugia erreichte, packte mich Bitterkeit im Herzen, bei dem Gedanken, dass es bei den Christen keine Furcht mehr vor Gott gibt.“* Woher soll diese Furcht denn kommen? Sie kennen nur noch den Machtmissbrauch der päpstlichen Legaten, *„die allesamt Wölfe im Schafpelz sind“*, wie Caterina es bezeichnet. Wer in diesen Städten konnte ahnen, dass Gregor vielleicht ein Schaf im Wolfspelz ist? Er hat eine undankbare Aufgabe übernommen, wie sein Platz in der Geschichte beweist.

Raimund sieht bereits den Niedergang des Christentums: *„Es fehlt nur noch, dass jetzt sie auch noch den Glauben an Christus völlig aufgeben."* Die Gefahr besteht allerdings. Denn wie wollte man den Gläubigen derartige Missstände innerhalb der Kirche erklären? Könnte es dann nicht sein, dass es Gott gar nicht gibt und alles nur eine geschickte Strategie der Mächtigen ist? So denken die Menschen heute, und sie werden auch nicht anders vor 700 Jahren gedacht haben. Aber sind die Menschen nicht selbst ihres Glückes Schmied? Gehen wir von der mittelalterlichen Vorstellung aus, dass Könige und erst recht Päpste von Gott berufene Anführer ihres Volkes sind, so zeigt ein Blick auf das alttestamentarische Volk Israel, dass die Abkehr des Volkes von Gott immer dieselbe Konsequenz zur Folge hat: Es bekommt unfähige Herrscher an die Spitze gestellt. So mag auch den unchristlichen Päpsten zunächst die Abkehr der Menschen selbst vorausgegangen sein. Wie aber wendet sich der Einzelne von Gott ab? Der Mächtige tut es durch Machtmissbrauch, der Einzelne durch Lebensformen, die dem christlichen Gebot widersprechen. Dazu gehören gleichwohl Hexenkult, genauso aber auch Hexenverbrennungen sowie Verrohung der Sitten, alles in allem: der Niedergang der christlichen Nächstenliebe in jedem einzelnen Individuum seiner Zeit.

Die Sache ist endgültig verfahren, sodass Caterina darauf drängt, nach Avignon kommen zu dürfen. Sie bittet um päpstliche Audienz und setzt sich bei Gregor für Verständnis für die vom Glauben abgefallenen Florentiner ein: *„Und so verfielen sie in panische Furcht – wie einst Pilatus, der Christus hinrichten ließ, um nicht abgesetzt zu werden – und wollten lieber Euch angreifen, als ihr Amt zu verlieren."* Hören wir in dieser Bitte um

Verständnis für die Florentiner nicht auch eine leichte Vorhaltung an den Papst selbst? Er ist der Jurist unter den Päpsten. Kommt da der Vergleich mit Pilatus nicht unterschwellig dem Papst oder dem, was er vertritt, näher als den Florentinern? Wären die Florentiner nicht eher dem Judas gleichzusetzen, der ja auch nicht die Geduld für Gottes langfristigen Plan aufbrachte und die Sache lieber selbst in die Hand nehmen wollte, während Pilatus wissentlich einen Unschuldigen verurteilte? Nachdem sich der Gesandte aus Florenz in Gegenwart des Papstes vor das Kreuz geworfen und ausgerufen hatte: *„Bleibe bei mir, Herr, denn Vater und Mutter haben mich verlassen"*, soll Gregor ihm darauf geantwortet haben: *„Ich bin eher bereit, das Martyrium des Bartholomäus auf mich zu nehmen als nachzugeben."* Man wirft ihm Wankelmütigkeit vor. Sein Verhalten hier zeigt, dass dies nicht der Fall ist. Gregor handelt hier nicht leichtfertig, ein Verhalten, das bei ihm auch nicht zu finden wäre. Er hat noch im Hinterkopf, wie die Florentiner Caterina als Friedensbotin zu ihm gesandt und sie dann im Stich gelassen hatten. Gregor nennt ihr auch seine Gründe für die Ablehnung: *„Es ist die Pflicht des Stellvertreters Christi, nur mit den Leuten Frieden zu schließen, die ein reumütiges Herz haben. Er soll jedoch nicht die Sünder beim Sündigen noch unterstützen."* Und damit hat er recht. Vergebung, ja, aber bis es dazu kommen kann, muss der andere zunächst einmal einsehen, dass er einen Fehler begangen hat. Das also ist es, was Gregor erzwingen will: Einsicht. Denn ohne diese kann es überhaupt keine Reue geben und ohne Reue kann die ersehnte Vergebung nicht stattfinden.

Florenz ist also nicht unschuldig an der Entwicklung, wie auch Judas und Pilatus nicht unschuldig sind.

Dennoch mussten sie ihre Sache tun, damit Gott sein Werk vollenden konnte. Der Papst klagt die Florentiner schwerer Vergehen an: *„Der grausamen Folterung und Tötung eines Mönchs, der erzwungenen Verletzung des Beichtgeheimnisses mit Todesfolge, der Plünderung von Kirchen und Klöstern, der Einkerkerung des Bischofs von Lucca, der Unterstützung von Rebellen gegen das Petrusamt"* und vieles mehr. Gregor hat also nicht die Gerechtigkeit aus den Augen verloren, sondern nur die Art, als Vertreter des Petrus damit umzugehen. Er will Reue da erreichen, wo der Fehler noch nicht erkannt ist. Nein, seine Gegner sind auch keine Friedensengel.

Da der Papst großes Vertrauen in Caterina setzt, wählen die Stadtväter sie als Vermittlerin aus. Hier stellt sich die Frage: Wie konnte Gregor so große Stücke auf die Frau aus Siena halten, wenn er ihr noch nie vorher begegnet war? Vieles spricht dafür, dass sie sich in seiner frühen italienischen Zeit schon einmal über den Weg gelaufen sein könnten. Die Empfehlung, die sie ihren Gesandten Raimund und Neri mitgibt, schließt mit folgenden Worten: *„Sie kommen im Namen Christi des Gekreuzigten und in meinem!"* Gleichzeitig warnt sie die Regierenden von Florenz: *„Eure Bestimmung hat euch an diesen Platz bestellt. Die Stadt ist in materieller und geistlicher Hinsicht in Gefahr. Und wenn ihr sagt, wir handeln nicht gegen Gott, dann sage ich euch: Doch, ihr handelt gegen Gott, wenn ihr gegen seinen Stellvertreter handelt. Wer gegen den Papst zu Felde zieht, vergreift sich an der Gnade Christi. Wie kannst du sagen: Ich greife doch nur den Körper an und nicht den Geist. Weißt du nicht, dass der Körper der Tempel des Geistes ist? Völlig verblendet vom Verlangen nach Größe. So war es auch bei den Engeln, aber sie wurden erniedrigt."* Dieser Brief an Florenz zeigt, Caterina muss nach beiden Seiten ausholen. Sie gesteht den Florentinern zu, dass der Papst Fehler gemacht habe, aber sie sollten gefälligst zunächst den Balken im eigenen Auge erkennen, bevor sie sich um den Splitter im Auge des Papstes kümmern.

Anfang Mai reist sie mit Stefano Maconi, Bartolomeo Dominici, Alessa Cecca, Lisa und noch anderen Mitgliedern ihrer famiglia nach Florenz und von dort nach Avignon. Als sie ihn aufsucht, muss Gregor sich eine Predigt anhören – und das Schöne an dieser spannungsvollen Beziehung ist, er tut es auch. Die Antwort, die er Caterina gibt, zeugt von seiner wirklichen menschlichen Größe: *„Damit du mir glaubst, dass ich aufrichtig den Frieden will, lege ich alles in deine Hände. Ich bin bereit, die Florentiner als meine Kinder zu empfangen, und mit ihnen so zu verfahren, wie du es möchtest, einzig lege ich dir die Ehre und das Wohl unserer heiligen Kirche ans Herz."* Das war weitaus mehr, als sie sich erhoffen konnte. Caterina steht zwischen den beiden Fronten. Die Florentiner haben es versäumt, ihrer Heiligen, die sie ins Rennen schicken, auch ein Empfehlungsschreiben zur Vermittlung mitzugeben. So steht sie letztlich allein, aber dafür in der ureigenen Sache vor dem Papst in Avignon. Dieser wird sie selbst, wie Raimund berichtet, darauf aufmerksam machen, indem er ihr erklärt: *„Siehst du, Caterina, sie haben dich und mich getäuscht."*

Am 18. Juni 1376 trifft sie in der südfranzösischen Papstmetropole ein. Zu Beginn hat sie die gesamte Kurie gegen sich, wie auch die ganze Verwandtschaft, von der Gregor sich nicht trennen will. Dennoch bezahlt er großzügig ihren Aufenthalt und die Unterkunft, und schon zwei Tage nach ihrer Ankunft wird sie zur Audienz gebeten. Stefano Maconi erinnert sich: *„Er stellte ihr ein prächtiges Haus mit einer eigenen* *wunderschön geschmückten Kapelle auf seine eigenen Kosten zur Verfügung."*

Nach der ersten Begegnung geht die Santa aus Siena beim Papst ein und aus, nicht ohne ihren beiderseitigen Vertrauten. Raimund berichtet von einer der zahlreichen Begegnungen. *„Im Verlauf ihres Gesprächs, das ich übersetzte, klagte die heilige Jungfrau, dass sie in der römischen Kurie, wo doch das Paradies himmlischer Tugenden sein müsse, den Gestank höllischer Laster finde. Als der Papst dies gehört hatte, fragte er mich, wie lange sie sich schon in der Kurie aufhalte, und als er erfahren hatte, dass es erst ein paar Tage waren, sagte er: Wie konntest du in diesen wenigen Tagen von den Sitten der römischen Kurie Kenntnis erlangen?"* Raimund berichtet über diese Begebenheit weiter: *„Da wandelte sich plötzlich ihre gebeugte, demütige Haltung gleich einer Majestät, die ich auch mit meinen leiblichen Augen erfassen konnte. Sie richtete sich hoch auf und stieß hervor: Bei der Ehre des allmächtigen Gottes wage ich zu sagen, dass ich, als ich noch in meiner Geburtsstadt war, den Gestank der Sünden, die in der römischen Kurie begangen werden, noch eher wahrgenommen habe als die, die sie selbst begangen haben und noch immer täglich begehen!"* Raimund schreibt, dass er über ihre ungewöhnliche Wandlung sehr erstaunt war, hatte er sie noch nie mit dieser Autorität reden hören. *„Der Papst verstummte"*, fügt er noch hinzu. Raimund bewundert die Ungeheuerlichkeit, mit der die Santa aus Siena hier auftritt. *„Welch eine Autorität vor dem so erhabenen Pontifex!"*

Von da an behält Gregor sie bis zu seiner Abreise von Avignon bei sich. Die Santa aus Siena ist ihm offensichtlich sehr willkommen, und er räumt ihr schnell mehr Rechte ein als jeder anderen Frau ihrer Zeit. Im Juli 1376 während ihres Aufenthaltes stellt er ihr eine päpstliche Bulle aus, dass sie überall von drei Beichtvätern begleitet werden darf und sie bevollmächtigt ist, einen Tragaltar mit sich zu führen, damit sie überall, wo Menschen sich auf ihre Predigt hin bekehren, diesen auch mittels der Priester die Absolution erteilen könne. *„Bischof Gregor, Diener der Diener Gottes, sendet der geliebten Tochter in Christus, Caterina aus Siena, die unter dem Habit der Bußschwestern des hl. Dominikus dient, Heil und Apostolischen Segen. Da du von reiner Hingabe zu Uns und der Römischen Kirche erfüllt bist, verdienst du es, dass Wir deinen Bitten zustimmen und dir gestatten, mit gebührender Ehrfurcht einen tragbaren Altar zu haben."* Der geliebten Tochter in Christus, schreibt er und damit wird deutlich, dass Caterina in seinem Leben tatsächlich eine große Rolle spielt. Darüber hinaus kann sie mit dem Tragaltar selbstständig über die Kommunion verfügen, von der sie sich wegen ihrer Erkrankung weitgehend ernährt. *„Er genehmigte ihr auch einen Tragaltar, damit sie wann sie wolle, ohne Genehmigung von jemand anderem kommunizieren könne"*, berichtet ihr Beichtvater Tommaso Caffarini, und damit hat Gregor ihr eine Lebensgrundlage zur Ernährung geschaffen.

Gregor ist ihrem Vorbringen alles in allem nicht abgeneigt, hatte er doch bereits im Frühjahr damit begonnen, Schiffe für eine mögliche Überfahrt bauen zu lassen. Die sind für September bestellt. Er hat jedoch die Mehrheit des Kardinalskollegiums gegen sich und bedarf ganz gewiss der geistlichen Stärkung, die Caterina ihm zweifellos bringt. Dennoch machen ihre Gegner ihr von Beginn an das Leben in Avignon schwer. Verschiedene Bemühungen, sie schon im Vorfeld auszumanövrieren, schlagen allesamt fehl. Die gesamte Kurie arbeitet gegen sie und bedrängt den Papst, sie als Heuchlerin zu entlarven. Aber nicht nur die Kurie sieht ihre Felle davonschwimmen, sondern auch die weit über ein natürliches Maß bevorzugte Schwester sowie die Nichte Gregors.

So berichtet Stefano Maconi, dass Marie de Boulogne, die Nichte des Papstes, Caterina während einer Entrückung auflauerte. Als Caterina sich nach der Kommunion in Ekstase befand, stach die Nichte ihr mit einer Stricknadel in den Fuß. Das ist nun nicht einfach ein ungehöriger Vorgang, sondern hat eine tiefere Bedeutung. Ein Mensch in hoher Kontemplation oder sogar wie hier in Ekstase wandelt auf einer Grenzlinie. Hinzu kommt, dass Marie de Boulogne in die Füße sticht, welche die Stigmata tragen und dies ist mehr als nur ein Angriff auf die Heilige selbst. Caterina reagiert darauf nicht, was deutlich die Tiefe ihrer Kontemplation bezeugt. Gregor hätte sich hier über den Charakter seiner Nichte klar werden können. Nachdem Caterina zu sich kommt, verspürt sie starke Schmerzen, die sich so weit ausbreiten, dass sie während ihres Avignon-Aufenthalts kaum noch laufen kann. Es war daher keineswegs ein unbedachter Schabernack und man erinnert sich an die Worte der Genesis: *„Ich werde Streit zwischen dir und der Schlange stiften. Du wirst nach ihr treten und sie wird nach deiner Ferse schnappen."*

Dann gelingt es der Kurie, Caterina ohne Wissen des Papstes einer Inquisition zu unterziehen. Der Leibarzt Gregors berichtet später, dass drei Theologen Caterina auf eigene Faust festgehalten und sie in einem stundenlangen Verhör den scharfsinnigsten theologischen Fragen unterzogen haben, wobei sie immer gleichzeitig gefragt haben, ohne die Befragte ausführlich antworten oder gar überlegen zu lassen. Später stellt sich heraus, dass sie vom Papst dazu nicht ermächtigt waren. Aber der Triumph liegt auf Caterinas Seite. Am Ende ihres Verhörs sind die Inquisitoren untereinander so zerstritten, dass sie überhaupt kein Urteil über die Santa aus Siena mehr zustande bringen, obwohl es sich um die bedeutendsten Theologen am päpstlichen Hof handelt. Als Gregor mit ihr später darüber spricht, berichtet Stefano: *„Da lächelte er sie an und sagte: Wenn sie noch mal wiederkommen, dann schlage ihnen ruhig die Türe vor der Nase zu.“*

Während ihres Aufenthaltes in Avignon wurde Raimund Zeuge einer weiteren Unterredung zwischen Caterina und Gregor. Sie spricht mit großer Überzeugung zum Papst über das Thema des Kreuzzuges. *„Worauf ihr Gregor antwortete: Wir sollten zuerst Frieden unter den Christen wiederherstellen, bevor wir an einen Kreuzzug denken.“* Gregors Ansicht ist sachlich und zutreffend, wenn man die geschichtliche Entwicklung der Christenheit betrachtet. Caterina weiß allerdings seinem überzeugenden Argument zu begegnen: *„Heiliger Vater, Ihr werdet keinen besseren Weg finden, um die Christenheit wieder zu einen.“* Dennoch ehrt sein Ausspruch diesen mittelalterlichen Papst sehr.

Hier in Avignon erfährt Caterina eine weitere Vision: *„Mit mir waren der Vater Dominikus und der Lieblingsjünger des Herrn, Johannes, sowie alle meine Kinder. Dann legte mir Christus das Kreuz auf die Schulter und einen Ölzweig in meine Hand.“* Während ihres Aufenthaltes in Avignon lernt sie bereits den Leiter der päpstlichen Kanzlei, den späteren Nachfolger Gregors, Urban VI., kennen. Dieser scheint mit ihr eines Sinnes zu sein, da er sich die gleichen Ziele auf seine Fahne geschrieben hat: die Rückkehr der Päpste nach Rom und die Reform der Kirche. Diesem späteren Urban VI. wird sie genauso standhaft beistehen und seine Sache verfechten, obwohl er in seinem Umfeld als schwieriger Charakter gilt. Er schätzt die Heilige aus Siena sehr und tut das, was schon Gregor hätte tun sollen: Er holt sie zu sich nach Rom und empfängt sie dort mit großer Freude. Urban lässt sie vor der Kurie predigen und seine Kardinäle rufen begeistert aus: *„Bei Gott, das ist keine Frau, die da redet. Es ist der Heilige Geist.“*

Quo vadis, domine?

„Wohin gehst du, Herr?“ Die berühmte Frage des Petrus aus der frühchristlichen Erzählung, als ihm Christus auf der Via Appia begegnete, muss sich wohl auch Gregor gestellt haben, als er Avignon verließ. *„Ich gehe nach Rom, mich ein zweites Mal kreuzigen zu lassen“*, lautete in der Legende die Antwort. Ist es nicht genau das, was Gregor hier auch widerfährt? Sein Leben, so viel ist sicher, ist bedroht, wenn er nach Rom umzieht. Muss nicht auch ihm jemand sagen: „Ich gehe nach Rom, mich ein weiteres Mal kreuzigen zu lassen?“ Dieser Jemand ist Caterina, denn Christus begegnet dem Menschen oft durch die Person eines anderen . *„Möge Gott Euch die knechtische Furcht nehmen“*, schreibt Caterina an den zögernden Papst. *„Ich sage Euch: Fürchtet Euch nicht. Aber Ihr müsst das tun, was Ihr tun müsst.“* Und weiter treibt sie ihn voran: *„Kommt und nehmt den Stuhl Eures Vorgängers, des heiligen Petrus, in Besitz. Ihr müsst Euch an dem Ort niederlassen, der nur Euch allein zukommt.“* Für Gregor stand insgeheim schon lange fest, dass *„ein Papst in Rom regieren und wohnen muss, um die vielen Angelegenheiten des Abendlandes zu retten“*,

wie er sich ausdrückt. Nur hat er mit dieser Ansicht so ziemlich alle gegen sich aufgebracht, von der Kurie über die italienischen Fürsten bis zu den Königen und Herzögen, die das damalige Europa regieren. Gregor bedarf daher dringend eines Vertrauten, der ihm Zuspruch in diesem abenteuerlichen Unternehmen gibt. In Caterinas Erscheinen und Auftreten am päpstlichen Hof in Avignon sieht Gregor dann das von Gott erbetene und lang ersehnte Zeichen für die Richtigkeit seiner Entscheidung. Der Papst hat nicht nur die weltlichen und kirchlichen Fürsten gegen sich, sondern zusätzlich noch die leeren Staatskassen des Kirchenstaates, deren Reichtum für den Ausbau der päpstlichen Residenz in Avignon durch einen seiner Vorgänger, Benedikt XII., verbraucht worden war. Gregor unterhält sich in Avignon viel und oft mit der Santa aus Siena. Im September ist der Entschluss gefasst. Zuvor aber haben alle Beteiligten schweres Störfeuer zu überstehen. Caterina rät ihrem *„Dolce babbo"*, wie sie ihn liebevoll nennt, von seiner Rückreise nach Rom kein großes Aufheben zu machen. Sie rät dazu, es unerwartet und plötzlich zu tun.

Aber dann soll Gregors Entschluss doch noch einmal ins Wanken geraten. Der Papst erhält kurz vor der Abreise einen Brief von einem ungenannten Absender, der angeblich ein heiliger Mann ist, der ihn nun seinerseits davor eindringlich warnt, nach Rom zurückzukehren. In seinem Zweifel übersendet Gregor diesen Brief umgehend an Caterina. Den Absender der mysteriösen Botschaft verschweigt er uns, sodass nie geklärt werden konnte, wer der unheimliche Dritte ist, der es scheinbar „so gut mit ihm meint". Angeblich war dieser Brief von einem weisen Mann namens Peter von Aragon verfasst worden. Nur wusste dieser davon nichts. Denken darf man hierbei vielleicht an die Königin von Neapel, die durch Gregors Umzug ihre Macht am päpstlichen Hof verlieren würde und damit auch den ganzen Kirchenstaat, den sie vereinnahmen möchte. Stattdessen hätte sie mit dem Umzug nach Rom diesen Kirchenstaat bedrohlich vor der eigenen Haustür in Italien.

Selbst Caterina erschrickt über das Schreiben. Es muss sich also um ein ausgefeiltes Erpresserschreiben gehandelt haben. Sie erklärt den teuflischen Inhalt ihrem Papst Wort für Wort, Zeile für Zeile. Sofort erkennt sie die versteckte Drohung darin. Sie entschärft die Bösartigkeit, indem sie Gregor antwortet, Gift gäbe es schließlich auch in Avignon zu kaufen, und dies hätte er nur zu fürchten, wenn er nicht in der Nachfolge Christi als sanftes Lamm käme. Sie warnt ihn davor, sich vor dem Verlust des eigenen Lebens zu fürchten. *„So haben die Heiligen nicht gehandelt."* Oder anders ausgedrückt, sagt sie ihm klipp und klar: *„Wer sein Leben für mich gibt, der wird es erhalten und wer es erhalten will, der wird es verlieren."* Nun möchte man Gregor anhand dieses Briefes für einen ängstlichen, zögerlichen Menschen halten, der nicht bereit ist, sein Leben für Gott zu geben. So einfach aber ist das nicht, denn der, mit dem sich Gregor und Caterina angelegt haben, verfügt über Mittel, die selbst die Heiligsten das Fürchten lehren können. Noch einmal bietet sich das Beispiel des Propheten Elias an: ein Mann, der sich vor nichts fürchtet, allein gegen 700 Baalspriester antritt, sich den Mund nicht verbieten lässt. Aber genau diesen beispielhaften Elias trifft der Zorn der Königin Isebell. Der furchtlose Prophet flieht vor ihrem Bannspruch bis in die Wüste. Nur Gott selbst vermag ihn wieder aufzurichten.

Wir reden hier nicht über irgendeine depressive Verstimmung, sondern über Scharen von bösartigen Gedanken, gegen die der Mensch aus sich heraus machtlos ist. Ein modernes Beispiel hierfür wäre Mobbing. Schon das Buch der Weisheit sagt, dass die Lüge Mord an einer Seele ist. Das einzige Mittel dagegen ist die selbstlose Liebe, auch und gerade für die Feinde. Denn Gott selbst ist die Liebe, wie es der Apostel Johannes formuliert.

Elias fürchtete sich so sehr vor der bösartigen Invasion, die über sein Innerstes herfiel, dass er Gott anflehte, sein Leben zu beenden. Eine Kostprobe davon wird auch Gregor erhalten haben. Und nicht nur er. Caterina berichtet Raimund von vielen Attacken dieser Art. Damals nannte man das Dämonen. Raimund stellt diese Art des geistigen Martyriums noch hoch über das körperliche Martyrium. Wer verstanden hat, was dem Propheten Elias einst und auch Caterina sowie Gregor hier begegnet ist, der wird sich jeder Anmaßung über das Geschehene enthalten. Wer dagegenhält, dass so etwas einem Menschen, der im Geiste Gottes steht, nicht widerfahren kann, dem antwortet Caterina selbst im *Dialogus*: *„Paulus hat gesehen, denn ich (Gott) zog ihn in den dritten Himmel hinauf. Aber ich hatte entschieden, aus ihm ein auserwähltes Gefäß meiner ganzen Tiefe bis in die Ewigkeit zu machen. Nur deshalb entzog ich mich ihm, weil mich selbst kein Leiden befallen kann. Ich bekleidete ihn mit dem Feuer der Nächstenliebe. Er war (nach seinen Leiden) das fertige Gefäß, mit meiner Güte erneut. Er schlug nicht mehr zurück, wenn er geschlagen wurde. Er entschlüsselte euch Christus und verfiel keiner teuflischen noch fleischlichen Versuchung mehr. Ich entzog* *mich ihm niemals wieder.*" Auch Päpste werden nicht davon verschont, wenn sie den Menschen zum Wohl dienen sollen. Einen ähnlichen Weg gehen daher auch Caterina und Gregor. Wer ließe sich schon freiwillig schlagen, wenn ihm die Macht gegeben ist, vernichtend zurückzuschlagen? Mit seiner späteren Hinwendung zu den Visconti lernt Gregor, seine Feinde zu lieben. Zum Schluss schlägt er nicht mehr zurück, wie einst Paulus, und erntet gute Früchte damit. Auch wenn er den Frieden mit Florenz selbst nicht mehr unterschreiben kann, so gehört dieser Sieg doch ihm.

Deshalb wäre es falsch, Gregor voreilig als ängstlichen Menschen abzustempeln. Das Gegenteil ist der Fall. Gott entzieht sich ihm und hilft ihm damit letztlich, sich aus den Versuchungen seines Umfeldes zu befreien. Bequemlichkeit, Vetternliebe, Eitelkeit und Selbstgerechtigkeit legt der Mensch nicht von sich aus ab, dazu muss er durch äußere oder innere Not angetrieben werden. So sucht Gregor in dieser Not nach einem Rettungsanker; auch er fürchtet sich nicht so sehr vor dem Verlust des Lebens, sondern vor dem, was sich hinter der Drohung verbirgt. Seine Rettung aus dieser Bedrängnis ist Caterina, denn sie hat das alles bereits erlebt. Aber selbst sie erzittert beim Lesen des Briefes, wie es heißt. Daran kann man den wahren Verfasser erkennen. Caterina erklärt Gregor, sie gehe davon aus, dass dieser Brief aus seiner ganz privaten Umgebung stamme. Also vielleicht doch die Königin von Neapel, die er mit seinen Sorgen so gern konsultiert?

Caterina redet mit ihm wie mit einem jungen Soldaten in der Schlacht: *„Seid kein Säugling. Seid ein mutiger Mann, der um des Süßen willen auch das Bittere schluckt.*"

Sie packt den Stier gleich zu Beginn bei den Hörnern: *„Weder Mensch noch Teufel dürfen Euch davon abbringen. Wie der Heiland es gesagt hat, sie kommen im Schafskleid, doch sind es reißende Wölfe."* Sie spielt sein Problem nicht herunter: *„Offenbar sind sie schon auf dem Weg zu Euch."* Ihr Antwortschreiben wird zur spannenden Analyse seiner wahrhaftigen Gegnerschaft. In dem Brief wurde dem Papst mit einer Textstelle aus der Apokalypse das Kommen des Verfassers angedroht. Da kann es einem schon schaurig über den Rücken laufen. Die Stelle in der Apokalypse lautet: *„Ich stehe vor deiner Tür und klopfe an!"* In der Offenbarung redet Gott zu einem seiner nicht immer standfesten Wächter der Gemeinden. Hier aber verkehrt sich dieser Satz ins genaue Gegenteil. Nicht Gott spricht: Ich komme und klopfe an, sondern der Menschenfeind. Das ist in der Tat Psychoterror und man kann Gregor nur bewundern, dass er sich schnellstmöglich einen Verbündeten sucht. Caterina erklärt ihm, dass mit diesem Schreiben ihm der Teufel das Gift im Schein der Tugendhaftigkeit gibt. *„Weiß er doch, dass er Euch niemals mit einem Laster verführen könnte"*, heißt es bei ihr. Sie spricht vom Verfasser als einem Fleisch gewordenen Teufel. *„Soweit ich das sehen kann, halte ich nicht Gott für den Verfasser."* Dann zieht sie die ganze Angelegenheit ins Lächerliche, wohl auch um Gregors Ängste zu vertreiben: *„Der müsste ja erstmal in die Schule gehen, er ist ja dümmer als ein Schulkind. Er versucht Euch an Eurer Lebensangst zu packen. Ihr aber werdet wie ein guter Hirte Euer Leben für die Schafe geben. Dann behauptet er auch noch, es sei das Gift für Euch schon bereitgestellt. Solches Gift erhaltet Ihr auch in Avignon."* Was ihr gründlich missfällt, ist der „gute Rat", Gregor solle seine Vertrauten fortschicken. Das geht natürlich direkt an Caterina, und er ist klug genug, diesem Rat nicht zu folgen. Caterina zerpflückt ihm den versteckten Drohbrief in brillanter Art und Weise. Am Ende ist zu lesen: *„Seid ein Mann, fest und unerschütterlich, lasst Euch nicht umwerfen, auch nicht von der List des Teufels. Mehr sage ich nicht!“* Sie erkennt die Gefahr, in die Gregor hineingeraten ist und bittet, als sei sie es, die ihn braucht: *„Liebster Heiliger Vater, gewähren Sie mir eine Audienz. Denn ich möchte vor meiner Abreise noch einmal zu Euch kommen. Möglichst bald, wenn es recht ist!“* Sie drängt untertänigst auf ein Gespräch unter vier Augen. Ihr Babbo wird es ihr gewiss gewährt haben.

Gregor hält Caterina bei sich und lässt sie aus Avignon nicht mehr fort. Womit er es zutun hat, ist das, was seinem Christus im Garten Gethsemane widerfuhr. Es ist weitaus mehr als eine Todesangst und Caterina ist wohl die Einzige, die ihn versteht. Gregor bedarf mehrerer solcher Aufmunterungen, denn sie schreibt ihm häufig. Ihre Briefe sind angefüllt mit Kraft und Zuversicht, die man ihm im eigenen Haus genommen hat. Auch die Kardinäle raten Gregor, nur ja nicht nach Rom zu reisen. Für ihn ist diese Umkehr ein Alptraum, denn die Umkehr eines jeden Menschen zu Gott wird zunächst einmal von der Gegenseite stark bekämpft, da ist Angst immer noch das beste Mittel. Gregor aber kehrt nicht nur für sich selbst um, sondern für die Gesamtheit der Christen. Daran mag man die Größe des Einsatzes der Gegenseite und damit auch die Furcht bemessen, die der Umkehrer ausstehen muss.

Bartolomeo Dominici berichtet, dass dieses Tauziehen um die seelischen Kräfte des Papstes bis zum letzten Tag andauert und er Caterina immer wieder kommen lässt. Bei einem weiteren Treffen fragt Gregor sie direkt, ob sie genau wisse, dass die Rückkehr des Papstes tatsächlich Gottes Wille sei. Die Santa antwortet ihm darauf, er wisse doch selbst am besten, was er Gott versprochen habe. Gregor ist fassungslos, denn niemand kannte sein heimliches Gelübde vor seiner Wahl zum Papst, als er vor Gott gelobte, Rom wieder zur Stadt der Päpste zu machen. Er wird dieses Versprechen einhalten, und er wird es mit seinem Leben bezahlen.

Im Sturm von Marseille bis Genua

Unerwartet verlässt Gregor am 13. September Avignon. Dabei schreitet er wortlos über den in Tränen aufgelösten Vater hinweg, der sich vor ihn auf die Schwelle des Papstpalastes geworfen hatte. Selbst der Herzog von Anjou, der Erbe der Königin von Neapel, war eilends an den päpstlichen Hof gereist, um eine Abreise zu verhindern. Der französische König lässt ihm die Nachricht zukommen: *„Rom ist dort, wo der Papst residiert."* Ihm und dem Herzog von Anjou schreibt Caterina kurz vor der Abreise des Papstes deutliche Worte. Sie prangert sein hoffärtiges Leben im dekadenten Pomp und in Verantwortungslosigkeit gegenüber dem Volk an. Der Herzog von Anjou aber ist der Jugendfreund Papstes, der ihren Babbo an seinen Lebensstil gewöhnt hat. Diesen gilt es zu überzeugen, viel mehr noch als alle übrigen Gegner: *„Legt der ungeordneten Anhänglichkeit an Eure Eitelkeiten Zügel an. Eure Vergnügen vergehen wie der Wind, sie lassen nur den Tod in Eurer Seele zurück und führen zum ewigen Verderben, wenn man sich nicht im letzten Augenblick noch bekehrt. Ein Mensch* *wie Ihr beraubt sich durch seinen Niedergang der Anschauung Gottes und verschafft sich Umgang mit dem Teufel. Ich sage das von jenen, die ihr ganzes Leben in Saus und Braus zubringen, ihre Ehre in Gastmählern und Verschwendung suchen, ihr ganzes Vermögen hinauswerfen, während die Armen im Land vor Hunger sterben. Nichts anderes haben sie im Sinn, als reiche Tische, schönes Geschirr und kostspielige Kleidung, und sie kümmern sich nicht um die armen Seelen, die draußen vor Hunger sterben. Wie Christus es sagte: ‚Sie gleichen übertünchten Gräbern, von außen schön und voller Schmuck, innen aber voll von verfaultem Gebein und Totengestank.*" Caterina weiß, wo die Gefahr lauert, wenn sie dem Herzog von Anjou so entschlossen gegenübertritt.

Gregor lässt sich nicht mehr beirren. Johanna von Anjou erleidet damit die größte Niederlage. Die Würfel sind gefallen. Der Papst reist auf dem Seeweg und befolgt damit den Rat Caterinas. Er hatte auf der Rhône eine Galeere dazu ausrüsten lassen. In Marseille wartet sein Schiff bereits und auch unfreiwillig die Kardinäle. Während Caterina und ihre Begleiter eine andere Reiseroute als Gregor nehmen, so ist belegt, dass sie bis zum Tag seiner Abreise bei ihm bleibt. Gregor geht bei seiner Abreise klug gegen seine Widersacher vor, indem er – anders als sein Vorgänger Urban V. – einen Teil seiner Kurie und die Verwaltung in Avignon zurücklässt. Das stimmt seine Gegner zunächst versöhnlich, doch ist es nichts weiter als ein behutsames Täuschungsmanöver, denn unter seiner Herrschaft wird niemand mehr nach Avignon zurückkehren.

Am 2. Oktober legt Gregors Schiff im Hafen von Marseille ab. Von dort macht er sich mit zweiundzwanzig Galeeren auf den Weg nach Rom. Schon in Monaco zwingt ihn ein schweres Unwetter wieder in den Hafen. Unterwegs heilt die Santa aus Siena den Bischof von Toulon, der seit langer Zeit an hohem Fieber litt. So wissen wir, dass sie über Toulon nach Genua gekommen sein muss.

Die Überfahrt Gregors gestaltet sich überaus stürmisch, sodass das Schiff mehr als einmal in Seenot gerät und immer wieder in kleinen Häfen anlegen muss. Entmutigt von dieser Entwicklung, will Gregor erneut aufgeben und wird von seinen Kardinälen auch dazu gedrängt. Auch Caterina berichtet von gefährlicher See. In St. Tropez muss auch Caterina wegen eines schweren Unwetters ihre Reise unterbrechen. *„Es ist, als habe die Hölle ihre Pforten geöffnet, um diese Rückkehr zu verhindern"*, schreibt Ferretti in seiner Caterina-Biografie. Dem ist nichts mehr hinzuzufügen. Tommaso Caffarini äußert sich so: *„Bei dem Rückweg aus Avignon auf dem Meerweg geriet das Schiff in große Gefahr. Der Schifffährer und auch alle anderen hatten große Angst. Sie aber sagte zu uns: ‚Wie könnt ihr so wenig Glauben haben? Der Herr sorgt für uns.'"* Gregor scheint auf anderen Routen unterwegs zu sein. Von Ängsten und Sorgen geplagt, doch die falsche Entscheidung getroffen zu haben, legt er mit seinem Schiff am 18. Oktober nach schwerer See doch noch in Genua an.

Während Caterina mit den Kranken beschäftigt ist, erkrankt ihr liebster Schüler und Sekretär, Neri, in Genua so schwer, dass niemand mehr Hoffnung für ihn hat. Caterina weist ihre Begleiter zurecht, dass sie ihm die Vermählung seiner Seele mit dem himmlischen Bräutigam doch gönnen mögen. So etwas ist natürlich selbst für Caterina Anhänger nicht so ganz einfach zu verstehen. So bedrängt Stefano Maconi sie, für das noch junge Leben Neris zu beten. *„Geliebte Mutter, gebt mir* *den Trost, dass Neri nicht hier in fremder Erde bleiben muss.“* Sie beharrt noch eine Weile auf Gottes Willen, doch schließlich gibt sie seiner Bitte nach. Nachdem sie sich ganz in Kontemplation vertieft hat, erwidert sie Stefano: *„Du wirst die Gnade erhalten, um die du gebeten hast.“* Neri wird wieder gesund. *„Da sich im Haus noch viele andere Kranke befanden“*, schreibt Tommaso, *„kamen die Ärzte zu ihr wegen Neri, dessen Heilung sie für ausgeschlossen hielten.“*

In Genua kommt es zu einer rührenden Szene, wie Tommaso Caffarini zu berichten weiß. Gregor, mehrfach nur knapp den Gefahren der hohen See entgangen, zweifelt sehr an der Richtigkeit seiner Weiterfahrt. Hinzu kommt das Drängen all seiner Begleiter, nach Avignon umzukehren. Eines Nachts klopft eine unbekannte Person an die Gaststube der Oriella Scotta, wo Caterina seit einiger Zeit wohnt. Es ist Gregor, allein, ohne Gefolge, im Gewand eines einfachen Mannes. Völlig verwirrt über sein Auftreten, wirft sie sich Gregor zu Füßen. Sie betet inständig gemeinsam mit ihm, und Gregor darf Zeuge einer ihrer Ekstasen werden. Er bleibt die ganze Nacht, und es gelingt ihr, all seine Sorgen und Zweifel ein weiteres Mal zu zerstreuen.

Von ihr selbst ist ein Gebet niedergeschrieben, das sie in der Nacht, als er sie um Hilfe bat, für ihn gebetet hat, *„um Papst Gregor von der Absicht abzubringen, nach Avignon umzukehren.“* Er hatte seine Absicht im Konsistorium wegen der zahlreichen Widerstände gegen seinen Einzug nach Rom bereits zum Beschluss gemacht.

So unsicher und zögerlich kann ein intelligenter Mensch wie Gregor gar nicht sein. Vielleicht darf man ihm aus christlicher Sicht zugestehen, dass solche Ängste und Zweifel nicht einfache Gemütsschwankungen sind, sondern dass hier ein ganz anderer am Werk ist. Berühmtestes Beispiel eines solchen Zweifels ist wohl niemand geringerer als das große Vorbild aller christlichen Führer, Johannes der Täufer, selbst. Jesus bescheinigt diesem die höchste Aufgabe seiner Zeit und trotzdem – oder gerade deshalb – wird der Täufer von Zweifeln über seinen Auftrag heimgesucht. Nicht anders ergeht es auch Gregor, der die Kirche Gottes wieder auf den rechten Weg führen soll. Ohne Gottes Hilfe und Caterinas Einwirken wäre diese Reise mit Sicherheit an irgendeiner Stelle abgebrochen worden. Gregor hat Übles zu bekämpfen und Caterinas Gebet ist sicher vonnöten. „*Oh unbegreifliche Liebe, bleib Dir selber treu, wenn Du Deinen Stellvertreter sendest, die toten Kinder zurückzukaufen. Tot sind sie, weil sie der heiligen Kirche den Gehorsam aufgekündigt haben … Christus hat die Schlüssel zu binden und zu lösen diesem, Deinem Stellvertreter gegeben. Ich bitte Deine heilige Milde flehentlich für ihn. Läutere ihn und zwar so, dass sein Herz von heiligem Verlangen brenne. Und wenn sein Zögern Dir missfällt, ewige Liebe, so züchtige meinen Leib dafür.*"

Gregor, einmal in Rom angekommen, wird noch so manchen Fehler begehen; einer davon ist zweifellos, Caterina nicht wie sein Nachfolger Urban VI. bei sich zu behalten. Caterina bietet sich selbst für seine Fehler als „Sündenbock" an. Hätte Caterina nicht auch hier beten können: „*Dein Wille geschehe*"?

Caterina bleibt in Genua bis zum 29. Oktober, dem Tag, an dem Gregor nach Corneto aufbricht. Das bedeutet, Caterina und Gregor halten sich gleichzeitig in Genua auf. Ob sie danach gemeinsam weiterreisen, lässt sich nicht mehr feststellen. In Livorno muss

Gregor erneut wegen eines Unwetters anlegen und bleibt weitere acht Tage an Land. Noch während seiner Reise setzt Gregor schärfere Maßnahmen gegen die untreuen Städte durch. Vielleicht wäre es ratsamer gewesen, erst einmal in Rom anzukommen und von dort die Fäden konsequent in die Hand zu nehmen. Caterina warnt wieder: *„Achtet auf Euer Gewissen, und der Frieden wird möglich sein.“*

In Corneto muss das päpstliche Schiff noch einmal wegen schwerer See anlegen. Am 5. Dezember 1376 geht Gregor in Tarquinia an Land. Wegen des schlechten Wetters ist Gregor gezwungen, bis zum neuen Jahr zu warten. Wieder suchen ihn die Zweifel heim. Obwohl Corneto zum Kirchenstaat gehört, gibt es erneute Bemühungen, Gregor zur Umkehr zu bewegen. Caterina schreibt ihm einen Brief nach Corneto. *„Heiligster Vater, babbo mio dolce, Ihr müsst drei Tugenden der Autorität haben: Standhaftigkeit, Mut und Geduld, weil Eure Last größer ist, benötigt Ihr ein entflammtes, tapferes Herz, das sich vor nichts fürchtet, das noch eintreffen könnte.“* Weiter heißt es bei ihr: *„Denn ein kleines, wankelmütiges und ungeduldiges Herz wäre unfähig, die großen Taten Gottes zu tun.“* Sie scheint die Gefahrenquelle in Gregors Charakter erkannt zu haben: *„Ersetzt den Stolz allein durch Demut. Das Vergnügen an dem Amt durch freiwillige Armut.“* Weiter predigt sie ihm: *„Selbstverachtung und Geduld, Unrecht, Spott und Hohn müssen ertragen werden. Sonst ist man kein Diener Christi, sondern der Sklave der eigenen Sinnenhaftigkeit, die kleinmütig, schwach und kleinlich macht. Oh Heiliger Vater, babbo dolce mio, seht doch: Wenn schon der Mensch sich zum eigenen Seelenheil leiten muss, wie viel mehr müsst es dann Ihr, der Ihr den Leib der heiligen Kirche leiten müsst. Ich hoffe nun, dass Gott mit Euch sein Ziel erreicht, das Ziel, wozu Ihr* *erschaffen seid.*" Und weiter: *„Wie sehr wünschte ich, mein Heiliger Vater, Ihr wäret ein Baum der Liebe, eingepflanzt in der ewigen Liebe des gekreuzigten Christus.*" Gregor verfügt über alle großen Tugenden, die ihn zu einem guten Kirchenfürsten machen. Allein, es fehlt manchmal an einem Zeichen der Liebe. *„Ein Baum, der zur Ehre Gottes seine Wurzeln tief in die Demut hinein versenkt.*" Damit hat Caterina seine beiden Schwächen erkannt: Das Zeichen der Liebe und die Konsequenz, die daraus folgt. Das verschleiert seine eigentlich aufrichtige Demut. Noch einmal ermahnt sie ihn: *„Friede, Friede, Heiligster Vater. Nehmt Eure verlorenen Söhne wieder auf.*"

Dann ist dieses scheinbar endlose Ringen um die Rückkehr nach Rom endlich vorbei. Am 17. Januar 1377 verlässt der Papst Ostia und segelt den Tiber hinauf. Bei der Basilika San Paolo geht er an Land. Dort werden ihm in einem feierlichen Akt die Schlüssel der Stadt Rom überreicht. Gregor kommt mit großem Gefolge in Rom an. Er zieht durch die Stadt bis in die Petrusbasilika des Konstantin, die dieser auf dem Grab des Petrus errichten ließ. Die Römer, die seit langem ohne ihre Päpste sind, begrüßen ihn mit Blumen und Zurufen: *„Es lebe Gregor.*" Aber Gregor kommt nicht, wie Caterina es ihm empfohlen hatte. *„Kommt demütig als sanftes Lamm.*" Er kommt mit Glanz und Gloria, mit einem Söldnerheer von 2000 Mann und in aller Macht und Herrlichkeit der Welt. Caterina kehrt kommentarlos zurück in ihr Kloster Belcaro.

Auf ihrem Rückweg reist sie zusammen mit ihren ganzen famiglia durch die oberitalienischen Städte. Überall verkündet sie das Evangelium und predigt dem Volk. Raimund berichtet: *„Ich habe gesehen, wie Tausende von den Bergen herunterströmten, um Caterina zu hören, als* *gehorchten sie einem gebieterischen Posaunenstoß."* Auch das ist Caterina. Man bringt Kranke und Besessene zu ihr, *„und das Volk drängte sich um sie."* Schon hier beginnen die Menschen sie „Santa" zu nennen.

Rom: Um Eurer Seele willen, nicht so!

Tatkräftig nimmt Gregor seine Amtsgeschäfte in Rom auf, die er auch während der langen, stürmischen Überfahrt nie ganz ruhen ließ. Seine größte Aufmerksamkeit gehört nach wie vor den verfahrenen italienischen Angelegenheiten, besonders den Friedensbemühungen mit den Visconti. Aber auch von Rom aus ist der Friede nicht in Sicht, da Gregor noch immer für Florenz und die Liga auf unhaltbaren Bedingungen besteht.

Dennoch widmet er sich auch vielen anderen Aufgaben. Dazu gehört sein persönlicher Einsatz für die Reform des Johanniterordens. Gregor unterstützt den Großmeister des Johanniterordens in seinem Bestreben, die Disziplin im Orden wiederherzustellen, so wie er auch glaubt, die Städte der Liga disziplinieren zu müssen. Anstatt sich mit den Parteien an einen Tisch zu setzen, greift Gregor zu Maßnahmen, um sich Gehorsam zu verschaffen. Caterina warnt, bettelt und fleht um Verständnis.

Viele großartige Ideen stecken in diesem Kirchenfürsten – immerhin hat er als einziger der französischen Päpste es geschafft, den Regierungssitz wieder an das Petrusgrab zu verlegen. Große politische Erfolge wären ihm ebenfalls zu wünschen gewesen, aber oft scheint sein ausgeprägter Sinn für Disziplin und Gehorsam ihm den Blick für andere, einfachere Lösungen zu verschleiern.

Auch in die Strukturen des Dominikanerordens greift er reformierend ein. Die vielen Irrlehren seiner Zeit bekämpft er konsequent und massiv, besonders in der Provence, in Deutschland und in Spanien. Der französische König unterstützt Gregor leidenschaftlich, sodass in Frankreich die Gefängnisse von „Irrlehrern" überfüllt sind. Da Gregor für sich das Recht beansprucht, Übeltäter und Irrlehrer zu bestrafen, macht er auch umfangreich von der Inquisition Gebrauch. In Frankreich lodern die Scheiterhaufen, und wohin dieser Wahn führt, zeigt sich etwas später im Schicksal der Jeanne d´Arc. Ob diese Art der Bekämpfung von Irrlehren in seinem Sinne ist, ist doch eher fraglich. Gregor ist konsequent, aber kein Tyrann. Die Lage in Frankreich scheint sich eher verselbstständigt zu haben.

Gregor will mit maroden Glaubensstrukturen aufräumen und hart durchgreifen und übersieht dabei, um es mit Thomas von Aquin, den er sehr schätzt, auszudrücken: *„Der Glaube aber ist durch das Lieben tätig."* Gefängnisse und Scheiterhaufen bringen die verirrten Schafe gewiss nicht mehr zurück.

Man darf annehmen, dass Caterina über seine juristischen Geschäfte nur wenig informiert ist. Sie drängt auf einen Kreuzzug, um den bedrohten Christen im Osten beizustehen, und fordert Milde für die Florentiner. Schon im Januar schickt sie eine Gesandtschaft mit einem Brief an den Papst nach Rom, um ihn in seiner unnachgiebigen Haltung gegenüber Florenz zum Einlenken zu bewegen. *„Wie glücklich werde ich sein, wenn ich erleben darf, dass durch Eure Güte* *und Heiligkeit alle durch das Band der Liebe einig werden. Ihr wisst doch, Heiliger Vater, dass Gott durch dieses Band der Liebe seinen Frieden mit den Menschen schloss. Mit dieser Liebe des Logos wird der Krieg überwunden, den der Mensch durch seine Empörung gegen Gott und seine Unterwerfung unter die Herrschaft des Satans verursacht hat. Auf diese gleiche Weise, Heiliger Vater, könnt Ihr dessen Herrschaft auch in den Herzen der Menschen vertreiben.*" Sie warnt ihren geliebten Babbo: „*Der Teufel lässt sich nicht durch den Beelzebub austreiben. Das gelingt nur der Demut und der Güte.*" Und diese sind Gregors schwache Stellen. Hätte er ihren Worten doch nur eher das rechte Gehör schenken können, er hätte sich und den Menschen manches ersparen können. „*Denn der Satan kann die Demut und die Liebe nicht ertragen, weil sie ihn vernichten!*" Ob er nicht doch darüber nachdenkt? „*In barmherziger Güte und heiliger Gerechtigkeit, im Feuer der Liebe wird der Hass in den Herzen vergehen, wie das Wasser in der Glut.*" Und sie fordert: „*Auf! Freie Bahn für die Milde, Vater!*" Aber wie will sie das einem Menschen erklären, der offensichtlich den Zugang zur Liebe nicht finden kann? Man muss die Macht der uneigennützigen Liebe schon einmal erfahren haben, um zu sehen, wie das Herz eines Gegners sich dabei wandelt. Mit falscher Freundlichkeit jedoch erreicht man genauso viel wie mit Gewalt. Die Verhandlungen scheitern erneut.

Auch der Großmacht England weht der scharfe Wind des Papstes ins Gesicht. Er fordert die Universität von London und den englischen König unter Androhung von Strafe auf, die Lehren zu überprüfen, und verdammt die Ansichten des Reformers John Wyclif. So zögerlich er in dem Bestreben zur Rückkehr nach Rom war, so entschlossen geht er mit der Welt, ihren Lehrern und Königen um. Es ist ihm zugutezuhalten, dass er in einer Zeit der Überflutung mit geistigen Lehren lebt, die nahezu alle nicht mit dem christlichen Glauben vereinbar sind und trotzdem als christlich verkauft werden. Aber die bekämpft man nicht durch Strafen, sondern einzig und allein durch logische wissenschaftliche Widerlegung oder auch durch die Liebe. Denn die Liebe ist der Heilige Geist und der setzt sich am Ende solcher Streitigkeiten durch.

Caterina drängt noch immer auf einen Kreuzzug, und in diesem Punkt sind die beiden auch eines Sinnes, mit dem Unterschied, dass die Santa ihren Glaubensbrüdern so schnell wie möglich zu Hilfe eilen möchte und Gregor wieder zögert. Dennoch leistet er den von Pest und Gewalt heimgesuchten Dominikanermissionen im Osten große Unterstützung. Nicht nur Italien, sondern auch der Osten wurde von der Pest schwer heimgesucht. Zum Heiligen Römischen Reich Deutscher Nationen pflegt Gregor freundschaftliche Kontakte, auch wenn König Karl IV. ihn als Herrscher der Christenheit bei der Einsetzung seines Sohnes gefährlich übergeht und den Papst erst hinterher davon in Kenntnis setzt. Das aber scheint Gregor einfach hingenommen zu haben, auch wenn es einen ähnlichen Verstoß gegen seine päpstliche Autorität darstellt wie die Auflehnung von Florenz. Das zeigt, dass Gregor nicht rücksichtslos gegen alles vorgeht, was seine Autorität antastet, sondern dass er offensichtlich die Lage genauer prüft, bevor er sich Gehorsam verschafft. Kurzum, er mag mit hochgesteckten Zielen nach Rom gekommen sein, die Umstände aber müssen für ihn ernüchternd gewesen sein.

Im März 1377 setzt Caterina sich wieder für die abtrünnigen italienischen Städte ein. Ihr Ton wird etwas schärfer angesichts der für sie unbegreiflichen Sturheit des Papstes. *„Gott verlangt Versöhnung von Euch und will, dass Ihr nach Kräften das Eurige dazu tut. Offenbar will Gott nicht, dass wir uns so sehr um die Herrschaft und weltlichen Besitz kümmern, dass wir die Zerstörungen an den Seelen und das Missfallen Gottes nicht mehr sehen können!"* Das sind harte, ehrliche Worte an den höchsten Mann seiner Zeit, und doch: er sieht noch immer nicht hin, verblendet von seiner eigenen Machtbefugnis und dem Gerede seiner selbstverliebten französischen Kardinäle. *„Und wenn Ihr mir jetzt sagt, Ihr seid verpflichtet, den Besitz der Kirche zurückzuverlangen, so ist das richtig. Der eigentliche Schatz der Kirche aber, das sind die durch Erlösung freigekauften Seelen. Christus hat sein Blut nicht um des weltlichen Besitzes willen vergossen, sondern zur Erlösung der gesamten Menschheit."* Kann dieser Papst, der selbst ein Mystiker genannt wird, da noch eine Gegenrede halten? *„Lasst doch das Gold des weltlichen Besitzes fahren und greift zum Gold des Geistes!"* Auch Caterina scheint mit ihrer Geduld am Ende zu sein: *„Tut Euer Möglichstes, Heiliger Vater. Dann werdet Ihr vor Gott und den Menschen gerechtfertigt sein! Güte! Liebe! Friede! Das wird helfen, und nicht Krieg!"* Gregor ist gewiss kein Unmensch, sonst hätte sie sich das alles gar nicht erlauben können. Er versteht sie einfach nicht. Gregor will die Christenheit retten. Dabei versucht er, seine Autorität im Wechselspiel von Verfehlung und Strafe, Anordnung und Gehorsam festzumachen. Seine Aufgabe aber ist es, wie die jedes anderen Christen auch, Verfehlungen – besonders gegen die eigene Person – zu vergeben. Tut er es nicht, so findet er sich mit dem anderen im Gericht wieder und muss auch für die eigenen Verfehlungen büßen. Der von Gott geschenkte Kredit der Erlösung wäre damit verwirkt. *„Wägt doch die* *beiden Übel gegeneinander ab: den Verlust weltlicher Größe und Herrschaft und den Verlust so vieler Seelen! Ich will Euch ja nicht belehren, mein lieber Vater, Gott, die Ewige Wahrheit, zwingt mich dazu und das Verlangen, Euch selbst im Frieden zu sehen!*" Ihre Sorge um das Seelenheil des Papstes ist gewiss echt. Dann fordert sie zum wiederholten Male die Erneuerung seines Umfeldes und drängt auf Austausch der Kurie, die ja komplett aus Franzosen und Juristen besteht, von denen nur wenige hinter seinen Plänen stehen. „*Es macht einen schlechten Eindruck, wenn Ihr aus Rücksichten Hirten einsetzt, die nicht würdig sind und nur an sich selbst denken. Bischöfe sollen Gott suchen, statt sich mit Stolz aufzublähen und nur zwischen Reichtum und Eitelkeit hin und her zu schwanken. Oh Gott, nicht so, um der Liebe Jesu Christi und des Heiles Eurer Seele willen!*" Das sind schon dramatische Worte, und wenn man sein Ende sieht, kann man ihr eigentlich nur noch recht geben. „*Nicht so! Um Eurer eignen Seele willen!*" Es ist ihr letzter Brief an den Papst. Und es bleibt offen, ob er ihn verstehen wollte oder nicht, denn danach scheint es keinen Kontakt mehr zwischen den beiden zu geben, bis er ihr den überaus gefährlichen Auftrag erteilt, in das von Plünderern und Rebellen heimgesuchte Florenz zu reisen.

Das Massaker von Cesena

Im Februar 1377 ereignet sich das Unglück, von dem sich die Kirche und ihre Angehörigen lange nicht mehr erholen sollen. Obwohl bereits Friedensverhandlungen zaghaft begonnen haben, erobert ein päpstliches Heer unter der Führung des Kardinals Robert von Genf die

Stadt Cesena. Die Grausamkeiten diskreditieren Papst Gregor XI. endgültig. Sein Ruf als rechtschaffener Mensch geht – wenn auch unverschuldet – auf lange Zeit verloren. Ein Franziskaner, der das Grauen miterlebte, erklärt: *„Selbst Nero hat solche Grausamkeit nicht begangen. Was hier geschah, reicht aus, um den Menschen den Glauben zu zerstören."*

Wer der Kirche und diesem Papst schaden wollte, der hat es geschafft. Beim Blutbad von Cesena gibt es keine Gnade, nicht für Frauen, Kinder, Säuglinge. Die Zahl der Toten beläuft sich auf über 4000. Ungefähr 15.000 Menschen haben alles verloren und sind auf der Flucht. Das Unvorstellbare dieser Bluttat ist, dass Cesena bis dahin die einzige verbliebene papsttreue Stadt war und sich den aufständischen Städten nicht angeschlossen hatte. Die Zisternen sind überfüllt mit den Leichen von Kindern und Frauen, der Gestank ihrer verwesenden Körper liegt über der ganzen Stadt. Der Kardinal hat sich einen Namen in der Geschichte gemacht: Der Schlächter von Cesena. Aber es stellt sich die Frage, ob Robert von Genf dies wirklich gewollt hat. Er wäre nicht der erste mittelalterliche Befehlshaber, dem die verrohten Horden eines Söldnerheeres, das sich einfach nimmt, was es will, wenn es in eine Stadt eindringt, aus den Händen geglitten sind. Muss Robert von Genf etwas vor der Geschichte verantworten, was vielleicht nicht in seiner Absicht, geschweige denn in der Absicht des Papstes gelegen hat?

Caterina sucht die Schuld bei sich, vielleicht nicht genug getan und gewarnt zu haben, um Gregor vom Übel abzuhalten, das alle außer ihm erkannten. Sie schreibt an Raimund: *„Ach, lieber Heiliger Vater, ich glaube, dass vielleicht unsere eigene Nachlässigkeit (Eure und* *die meine) die Ursache dazu ist, dass ein solch entsetzliches Verderben über uns gekommen ist.*" Hier bedient sie sich eines besonderen Kunstgriffes. Denn sie redet in diesem Brief Papst Gregor über die Person Raimunds an. Wahrscheinlich ist das ihre einzige Möglichkeit, Kontakt mit ihm aufzunehmen. Und sie nennt den Grund, weshalb sie nicht zu ihm kann. „*Wer aber soll mir helfen, wenn Ihr mich davonjagt.*" Das spricht dafür, dass Gregor einmal mehr ihrer Gegenspielerin Johanna von Neapel auf den Leim gegangen sein könnte und er sich von Caterina getrennt hat. Die Quittung für diese Trennung ist Cesena. Caterinas Schmerz über sein Verhalten ist unerträglich: „*Meine Verfolger sind hinter mir her und ich flüchte zu Euch, und wenn Ihr mich in Eurer Unzufriedenheit und Entrüstung im Stich lasst, dann werde ich mich in den Wunden des gekreuzigten Christus verbergen.*" Das will sagen, sie wendet sich vom Papst ab und Christus zu. Sie hatten es schwer, in ihren Ansichten zusammenzukommen: Caterina, die Prophetin und Gregor, der Jurist. Es wird noch 600 Jahre dauern, dann endlich legt ein Papst die Krone und die Symbole der irdischen Macht ab. Man muss Gregor zugutehalten, dass er sich zu seiner Zeit diesen Luxus nicht erlauben kann, ohne ein Chaos zu verursachen. Statt dessen geht er inzwischen tief gebeugt unter der Last seines irdischen und himmlischen Amtes.

Für Gregor ist die Nachricht von Cesena wie ein Schlag. Durch seine eigenen Truppen verliert er die einzige treue Stadt. Der Florentiner Salatati schreibt dazu: „*Dies ist das unheilvolle Schicksal jener Völker, die der Kirche Gehorsam leisten.*" Weiter äußert er sich dazu: „*Wir beschuldigen nicht die menschlichen Gefühle des Papstkönigs, denn wir sind überzeugt, dass er im Herzen mit diesem Vorfall nicht einverstanden ist und auch mit allem anderen nicht. Wir bedauern allerdings, dass er noch kein Mittel gefunden hat gegen so viele schreckliche Freveltaten in seinem Namen.*" Welch moderate Worte sind dies aus dem feindlichen Lager. Die Menschen von Florenz setzen sich endgültig über das Interdikt hinweg: In Florenz läuten wieder die Glocken und es werden wieder Messen gelesen, ob mit oder ohne Erlaubnis des Papstes.

Gregor selbst ist mit dem Tag des Grauens politisch und auch menschlich am Ende. All das geschah, ohne dass er auch nur Kenntnis darüber hatte. Dennoch muss er sich den Vorwurf gefallen lassen, nicht rechtzeitig eingelenkt und den Frieden herbeigeführt zu haben, bevor sich andere mit seinem Heer selbstständig machen konnten. Das Entsetzen all der unterschiedlichen Fraktionen ist unermesslich. Schon bald wird der sogenannte „Schlächter von Cesena" , Robert von Genf, das große abendländische Schisma auslösen und sich mit Unterstützung von Johanna von Neapel als Gegenpapst Clemens VII. in Avignon ausrufen lassen. Gregor ist durch dessen Greueltat in den Augen von Freund und Feind entmachtet. Sein Nachfolger tritt cin Jahr später aufgrund der Vorkommnisse ein schweres Erbe an.

Das unwürdige Ende eines Papstes

„*Dieser verquere Krieg verdirbt Leib und Seele!*", schreibt Caterina an den Papst. Dieser scheint die Ereignisse überhaupt nicht mehr einordnen zu können und zieht sich wohl auch von Caterina zurück. Das Volk in Rom tobt. Die Feindseligkeiten in der Petrusstadt gegen

Gregor schlagen so hohe Wellen, dass er aus seinem päpstlichen Palast bei Sankt Peter flüchten muss. Es bleibt nur noch die Engelsburg. Gregor muss sich später nach Anagni zurückziehen. Sein Kredit beim Volk, das seinen Einzug so jubelnd begleitet hatte, ist verspielt, sein Leben keinen Pfifferling mehr wert.

Caterina klagt den Papst nun öffentlich der Unversöhnlichkeit an. Spätestens hier wird es zu einer Trennung zwischen den beiden gekommen sein. Gregor wird sich seiner alten falschen Freundin und Prophetin erinnert haben und ausgerechnet Zuflucht bei der Königin von Neapel suchen. So nimmt nun auch seine persönliche Katastrophe ihren Lauf.

Im Oktober 1377 scheinen Gregor und Caterina wieder den Kontakt zueinander zu suchen. Sie schreibt vom Orcia-Tal aus, wo sie in einer persönlichen Friedensmission unterwegs ist, einen Brief an Raimund von Capua. Dieser hält sich seit seiner Ernennung zum Prior von St. Maria sopra Minerva in Rom auf. Raimund berichtet sie, einen Brief von ihrem Babbo, Gregor, erhalten zu haben, der ihr darin die desolaten Zustände in der Kirche beschreibt. Gregor ist aufgewacht, der Traum seiner Herrschaft zu Ende geträumt und er erinnert sich der Frau, die ihm von Anfang an beigestanden hat.

Caterina eilt ihm zu Hilfe und tröstet ihn mit einer Vision, die sie erhalten hat. Als sie tief im Gebet für den ohnmächtigen Papst versunken war, habe sie die Gegenwart Gottes geschaut und in diesem Zustand höchster Ekstase vier Bitten vor ihn hingetragen: Sie bittet für die Erneuerung der Kirche, die Rettung der Menschheit sowie für Raimund und für *„eine Person, deren Namen ich hier nicht nennen kann.“* Ihr wird in dieser

Vision angekündigt, dass nach einer vorübergehenden Leidensphase für die Kirche diese wieder erneuert wird. Und man darf annehmen, dass die Santa aus Siena in ihrer Ekstase sich eines weiteres Mal für Gregor angeboten hat. Vielleicht wird Gregor durch ihre Bitte wirklich eine Gnade zuteil, denn ein noch viel schlimmeres Schicksal für einen König als der Tod ist es, wenn er seinen Feinden in die Hände fällt. So ähnlich ergeht es auch Gregor. Er wird die Schlacht um die Kirche Christi nicht überleben, dabei aber zumindest die Grundmauern seiner Kirche retten.

In Orcia beginnt eine weitere kontemplative Zeit für Caterina. Hier entsteht ihr Buch „*Dialogus*". Sie schreibt von einer Vision, in der ihr gesagt wurde: *„Sieh nur, wie sich meine Braut, die Kirche, ihr Antlitz besudelt hat, wie aussätzig die von Unrat und Selbstsucht sind mit aufgetriebenem Hochmut und Habgier, die sich an ihrer Brust nähren."* Dabei diktiert sie, wie Tommaso Caffarini berichtet, ihren drei Sekretären gleichzeitig. Der Brief des Papstes, von dem Caterina im Oktober spricht, scheint erstmals einen anderen, selbstlosen Charakter gehabt zu haben, sodass sie sich wieder für Gregor verwendet. Auch Raimund bemüht sich um den von allen verlassenen Papst. Die Angst vor Autoritäts- und Ansehensverlust ist einer nicht mehr zu heilenden Schwermut gewichen. Denn das, woran der Mensch Pierre Roger de Beaufort so sehr hing, die Autorität und das Ansehen, ist für immer verlorenen gegangen. Übrig bleibt ein mutiger Mann, der die Kirche und das Papsttum zurück nach Rom gebracht hat, aber auch ein Papst ohne seinen eigenen Platz in der Geschichte.

Zum Ende seines Lebens werden seine Bemühungen wohl erstmals auch von der Liebe zum Nächsten und zu seinen Feinden getragen sein. Häufig bestellt er sich Raimund, um mit ihm zu speisen. *„Eines Sonntags, früh morgens, kam ein Bote Seiner Heiligkeit und lud mich ein, mit dem Papst zu speisen"*, erinnert sich Raimund in der *Legenda maior*, *„plötzlich sagte er zu mir: Ich habe ein Schreiben erhalten, dass ich Frieden bekomme, wenn Caterina von Siena nach Florenz ginge."* Der Beichtvater ist erfreut über diese Wendung, denn auch er sieht, dass Gregor nur noch Frieden will. Raimund bietet sich an, die Heilige nach Florenz zu begleiten. Das aber lehnt der Papst ab. Er will Raimund hier bei sich behalten. Auch das spricht für die Isolation des Papstes. Das Volk von Rom und Italien hasst ihn, weil es nicht zwischen ihm und den Ereignissen, die auch ihn erschüttert haben, unterscheiden kann. In der engsten Umgebung Gregors, nämlich der Kurie, befinden sich gerade jener von der Königin von Neapel verführte Robert von Genf und seine Anhänger, sodass Gregor von dort auch keine Unterstützung zu erwarten hat.

Gregor zahlt den Preis dafür, dass er kein klares „Ja" für den Frieden mit seinen Gegnern und kein klares „Nein" zu seiner vom Prunk verwöhnten Kurie aussprechen konnte. Wie ein guter Jurist hoffte er, sich mit allen Seiten gut stellen zu können und eine elegante Mittellösung zu finden. Doch in diesem Fall bleibt er durch sein geschicktes Taktieren allein zurück. Raimund erhält den Auftrag *„sofort, – bis morgen!"*, die Unterlagen für die Sendung Caterinas nach Florenz fertig zu machen. Gregor weiß, ihm bleibt keine Zeit.

Caterina schreibt inzwischen selbst an die Königin von Neapel: *„Ihr seid das Böse selbst und wollt es auf die Menschen übertragen."* Es gehört ungeheuer viel Mut und Gotteskraft dazu, dies auszusprechen. Gregor scheint von der Person seelisch und politisch abhängig und gesteht es sich nicht ein. Es war Gregor, der den Herzog von Anjou zum König von Neapel und damit Johanna zur Königin von Neapel machte. Caterina schrie damals auf: *„Io muio di dolore, ma non posso morire! – Ich sterbe vor Kummer und kann nicht sterben!"*

Seit Dezember 1377 hält sie sich im Auftrag Gregors in Florenz auf. Gregor überwindet sich und bittet niemand Geringeren in der so verfahrenen Angelegenheit zu vermitteln als ausgerechnet seinen alten Feind, den Anführer der antipäpstlichen Liga, Bernabo Visconti. Das Eis ist gebrochen. Endlich, endlich geschieht das, was schon lange hätte geschehen müssen: Der Papst setzt sich – durch die von ihm autorisierte Caterina – an den Verhandlungstisch. Man darf auch einmal überlegen, dass er – der schon öfter inkognito reiste – das eine oder andere Mal sogar selbst mit an diesem Tisch gesessen haben mag. Dem von allen Seiten so lange ersehnten Frieden zwischen den italienischen Städten und dem Papst steht jetzt eigentlich nichts mehr im Wege. Caterina wirkt in Florenz zum großen Vorteil der Verhandlungen, auch wenn ihr jegliche politische Erfahrung fehlt, wie es oft bemängelt wird. Wer voll der Kraft des Heiligen Geistes ist, der wirkt besser für den Frieden als irgendein anderer Diplomat.

Die Erlösung aus dem Drama scheint nun zum Greifen nahe. Dann aber geschieht das schier Unfassbare in Rom. Plötzlich und viel zu jung stirbt Gregor auf ungeklärte Weise. Seine Schwermut hat er noch einmal in einem letzten Brief an die Königin von Neapel ausgedrückt. Man fragt sich, wann der Tag gekommen sein mag, als ihm diese – vielleicht die übelste – Verblendung aufgedeckt wurde.

Sein Tod bleibt mysteriös. In der Nacht vom 27. März 1378 ereignen sich unheimliche Dinge in Rom. So wird berichtet, dass laut ans Tor von San Frediano geschlagen und dabei gerufen wurde: *„Öffnet das Tor für den Friedensboten!"* Die Wachen im Inneren und das Volk von Rom vernehmen deutlich das Klopfen an der Tür. Als man die Tore öffnet, in der Erwartung eines Boten aus Florenz, ist niemand da. Es ist dies exakt die Todesstunde von Papst Gregor XI. Wie er zu Tode kommt, bleibt für immer ein Rätsel und auch über Hintergründe seines Todes liegt ein Mantel des Schweigens. So viel ist bekannt: Gregor litt an einem äußerst schmerzhaften Steinleiden, also Gallen- oder Nierensteinen. Das sind Schmerzen, die nicht zu ertragen sind, und zu seiner Zeit gab es noch keine medizinische Lösung des Problems. Wir wissen aber auch, dass in seinem Umfeld darüber geredet wurde, *„seinen Tod etwas zu beschleunigen"*. Schließlich kann man sich an die Drohung erinnern, die er schon in Avignon erhielt: *„Ich komme und klopfe an!"* Nicht Gott hatte ihm gedroht und Gott hat in seiner Todesnacht auch nicht angeklopft. Es ist das eingetreten, was Caterina von ihm verlangt hat: *„mutig sein Leben für seine Schafe zu geben."* Denn die Rückkehr nach Rom war die alles ändernde Entscheidung und Gregor darf durchaus den Satz auf sich beziehen: *„Wer sein Leben für mich gibt, der wird es erhalten."*

Nur wenige Tage vor seinem Tod schreibt Gregor an den Nuntius von Neapel: *„Keine Feder vermag zu beschreiben, wie groß meine Not ist. Die Provinzen sind durch Anarchie zerrissen, die Söldner, die nach Sold schreien und ich persönlich so tief in Sorgen, dass ich es nicht mehr zu Papier bringen kann. Die Königin von Neapel, meine allzeit große*

Stütze, die jetzt zu meinen Feinden herüberschielt." Allmählich scheint ihm ein Licht in der neapolitanischen Finsternis aufzugehen. Hätte er doch früher ganz auf seinen Heiligen Schrecken Caterina vertrauen können!

Gregor soll sich kurz vor seinem Tod ablehnend über Visionärinnen geäußert haben, und es heißt, dies beziehe sich auf Caterina. Wenn man es nicht auf Caterina bezieht, so doch auf Brigitta von Schweden. Aber ist nicht eher anzunehmen, dass er in seinen letzten Tagen endlich Klarheit über Johanna von Anjou, die Königin von Neapel, gewann? Er jammert ihr nach, dabei steht sie schon mit ihrem Heer vor den Toren Roms! Gregor hat zuletzt gewiss begriffen, dass er einer falschen Prophetin vertraut hat, aber zu spät. Andere Stimmen behaupten, er sei aus Enttäuschung über Caterina gestorben und habe sich von ihr verlassen gefühlt. Das wäre schwer nachzuvollziehen. Er selbst hat sie doch weit weg nach Florenz geschickt. Hatte er auf eine schnelle Rückkehr der Santa gehofft? Denn ungefähr zeitgleich verlässt Caterina Florenz, um sich nach einer Revolte „in eine Einsiedelei zurückzuziehen", wie es offiziell heißt. Stimmt das, oder war sie vielleicht doch stillschweigend auf dem Weg zurück nach Rom, um Gregor beizustehen? Dass er dringend Hilfe suchte, bezeugen seine letzten Briefe. Vielleicht wartete er tatsächlich auf seinen Heiligen Schrecken, und vielleicht war er sogar da, der „unsichtbare" Friedensbote aus Florenz. Wie auch immer: Gregors Tod kommt rasch, nachdem er der schwarzen Witwe aus Neapel nicht mehr dienlich ist.

Im diesem Zusammenhang ist zu beobachten, dass Gregor viele Vorbereitungen trifft, die auf sein baldiges Ableben schließen lassen. Das drohende

Schisma im Blick, das Caterina ihm bereits vorausgesagt hat, trifft er noch in den letzten Tagen seines Lebens Vorkehrungen für eine neue und vor allen Dinge vereinfachte, schnelle Papstwahl, damit es zu keiner langen Sedisvakanz kommen kann. Er sorgt dafür, dass der päpstliche Schatz und die Schlüssel zur Engelsburg in vertrauenswürdige Hände gegeben werden.

Gregor muss gewusst haben, dass der Tod vor seiner Tür stand. Denn ausgerechnet an seinem Todestag stellt er gleich mehrere päpstliche Bullen aus, die Caterina das Leben und die Arbeit erleichtern sollen. Sie erhält am 27. März 1378 von ihm die Erlaubnis, immer in Begleitung von drei Priestern zu sein, damit, wo immer sie hinkommt, die Menschen sich bekehren und eine Beichte ablegen können. Das ist ein großer Missionsauftrag an Caterina und nicht einfach eine freundschaftliche Geste. Das heißt aber auch, dass er ihre Sache weiter fördern will, bevor ein neuer Papst hierüber anders entscheiden könnte. Gregor trifft Vorbereitungen, Caterina und auch die christliche Kirche nicht ungeordneten Verhältnissen zu überlassen, wenn er nicht mehr da ist. Gleichzeitig erstellt er eine Bulle, die Caterina ermächtigt, für sich und ihre Mantellatinnen ihren Beichtvater und Priester selbst auszuwählen. Damit entzieht er seine „Santa" jeglichem Zugriff von Ordensoberen und macht sie zu einer freien Frau, die nicht zu blindem Gehorsam verpflichtet ist. Das gesteht ein Papst wohl nur einer Ordensfrau zu, die auch er selbst schon zu ihren Lebzeiten für die „Santa aus Siena" hält. Er hinterlässt uns wenig über sie. Aber er äußerte den Wunsch: *„Ich will all ihre Schriften und Bücher lesen."* Dazu kommt es leider nicht mehr.

Warum aber unternimmt er all diese Maßnahmen an seinem Todestag? Es bleibt nur die Spekulation. Die unspektakulärste Interpretation wäre, dass er krank war – er starb im Alter von 48 Jahren –, aber selbst dann wären seine Vorbereitungen zu exakt getimt gewesen. Eine andere Möglichkeit wäre, er wusste, dass man ihm nach dem Leben trachtete, und zwar gleich von mehreren Fraktionen, und dass es nur noch eine Frage der Zeit sein könnte, wann dies geschehe. Doornik, der Biograf Caterinas nennt Gregor *„einen noblen Papst, der die Last der Erbsünde seiner Vorgänger trug. Er war kein schwacher Mensch. Er zögerte lange, bis er zum Entschluß kam, dann aber war er davon auch nicht mehr abzubringen. Er hatte dieselben Ziele wie Caterina: die Rückkehr nach Rom, Frieden in Europa, der Kreuzzug gegen die Sarazenen, um den verfolgten Christen zu helfen. Unbeirrbar, wenn auch im Zick-Zack-Kurs steuerte er das alles an.“*

Wie auch immer, Caterina mag noch viel für *„die Person, deren Namen sie nicht nennen will“*, gebetet haben. Gregor wird nicht in einer der großen Hauptbasiliken Roms bestattet, sondern in S. Francesca im Forum Romanum. Wer dieses Papstgrab aufsucht, der muss es schon finden wollen. Es liegt in einem dunklen Seitenflügel der von Touristen kaum beachteten Kirche, und man fragt sich: Ist das die angemessen ehrenvolle Ruhestätte für einen Papst, der die Kirche aus der babylonischen Gefangenschaft zurück an die Grabstätte des heiligen Petrus geführt und das heutige Rom als Zentrum des christlichen Glaubens für die Welt erst möglich gemacht hat? Es bleiben zu viele Fragen offen, doch das macht seine Geschichte erst richtig interessant.

Greift man den Gedanken der Umkehr Gregors für seine ganze Kirche noch einmal auf, dann erscheint selbst das Drama des folgenden Schismas eine Konsequenz hieraus zu sein, denn jede Hinwendung zu Gott bedeutet gleichzeitig, für den Einzelnen wie auch für eine ganze Gemeinschaft, die Trennung von all dem, was dem Wesen Gottes nicht entspricht. Mit dem Schisma trennte sich die Spreu vom Weizen. Die Spreu verging nach einiger Zeit, der Weizen aber blieb bestehen. Und so erfüllen sich in Gregors frühem Tod die Worte Caterinas, als sie ihm schrieb: *„Geht nach Rom und tut das, wozu Ihr erschaffen worden seid."*

Gerechtigkeit ohne Barmherzigkeit ist Grausamkeit

Gregors gute Vorbereitungen führen nach seinem Tod zu einem schnellen Wechsel. Am 7. April 1378 tritt das Konklave zusammen und schon am 8. April ist Bartolomeo Prignano zum neuen Bischof von Rom gewählt. Er nennt sich Urban VI.

Zuvor ist es in Rom beinah zum Aufstand gekommen. Die Römer dulden keinen anderen Papst als einen Italiener. Das Volk versammelt sich in Sprechchören und ist dabei, die päpstliche Residenz zu stürmen, sodass die Kardinäle in ihrer Todesangst den römischen Kardinal Tebaldeschi gegen dessen Willen als Papst präsentieren, damit sich die Leute wieder beruhigen. Als dann zwei Tage später ein anderer Italiener als Papst inthronisiert wird, hat der Sturm sich gelegt.

Caterina ist noch immer in Florenz um den Frieden bemüht. Nach dem Tod Gregors hatten die freien Städte alle Verhandlungen eingefroren. Wie sollten die Visconti wissen, wie es nun weitergehen würde, nachdem man sich endlich mit Gregor geeinigt hatte. Die Santa schreibt auch dem neuen Heiligen Vater und mahnt diesen noch eindringlicher als sein Vorgänger zum Frieden: *„Gerechtigkeit ohne Barmherzigkeit ist nichts weiter als Grausamkeit!“* Urban hört sich ihre Worte nicht nur an, sondern er will davon auch davon Gebrauch machen.

Am 22. Juni 1378 kommt es in Florenz zum Aufstand und Caterina gerät dort zwischen die Fronten. Als eine Bande in das Gasthaus eindringt, in dem sie wohnt, stehen ihr die Plünderer mit gezücktem Schwert gegenüber. Caterina tritt ihnen furchtlos entgegen und schlägt sie mit den Worten in die Flucht: *„Hier bin ich. Tötet mich!“* Ihre Begleiter berichten, die Mörder seien davon so verstört gewesen, dass sie die Flucht ergriffen. Caterina selbst äußert sich gar nicht so glücklich über diesen Ausgang, wie es ihre Freunde tun.

Sie war an diesem Tag bereit, ihr Leben für Gott zu geben und *„das Martyrium zu erleiden.“ „Offensichtlich wurde ich des Martyriums nicht für würdig befunden“*, schreibt sie resigniert. Statt heroisch auf dem Schlachtfeld von Florenz stirbt sie an einer zwei Jahre dauernden Krankheit, die ihr das Leben schwer macht. Caterina übersieht in ihrem Eifer, dass sie das Martyrium erleidet, nur nicht auf die Art und Weise, wie sie es wollte, sondern wie Gott es wollte. Ihre Magenerkrankung von Jugend an, das unermüdliche Ringen um den Papst und seine Kirche und ihr langsames qualvolles Ende, all das ist ein weitaus größeres Martyrium als in einem kurzen Moment das Leben auszuhauchen. Auch Raimund von Capua sieht in der Bedrängnis durch Plagegeister ein bedeutenderes Martyrium als durch die körperlichen Leiden. Damit bescheinigt er nicht nur ihr sondern auch Gregor die höchstmögliche Form eines Martyriums.

Die Florentiner sind nicht so mutig. Sie fordern Caterina auf, die Stadt zu verlassen. Niemand mehr gewährt ihr in seinem Haus Aufenthalt, damit er nicht ihretwegen Haus, Hof und Leben verliert. Auch jene, die sie durch ihr beherztes Einschreiten gerettet hat, weisen ihr die Tür.

Urban VI. ist weder bei den Römern noch bei seiner Kurie sehr beliebt. Er gilt als jähzornig. Er will seine Sache kraftvoll durchzusetzen. Kein Wunder, daß er in der Kurie nicht beliebt ist, denn dort räumt er zuerst auf. Er macht das, was Caterina immer von Gregor verlangt hatte, obwohl dieser es sich nie mit seinen Verwandten verscherzen wollte: *„Er reißt die stinkenden Blumen aus dem Garten der heiligen Kirche aus und pflanzt neue, duftende wieder ein."*

Ende Juli 1378 ist es soweit: Frieden zwischen Florenz und dem Papst! Urban holt Caterina zurück nach Rom und vertraut weiter auf sie. Er lässt sie vor der Kurie predigen, etwas, das noch nie da gewesen ist. Am Ende ihrer Predigt steht einer der Kardinäle auf und erklärt: *„Bei Gott, das ist kein Weib, das hier spricht. Das ist der Heilige Geist!"*

Am 20. September 1378 lässt sich Robert von Genf mit Unterstützung einiger Kardinäle zum Gegenpapst Clemens VII. ausrufen. Am 20. November 1378 ergreift die Königin von Neapel die Partei des Gegenpapstes in Avignon. Das große Abendländische Schisma beginnt. Caterina hatte es Raimund zu dessen großem Schrecken noch zu Lebzeiten Gregors vorausgesagt.

Gregor selbst hatte sich den Kuckuck bereits ins Nest geholt. Er hatte im Mai 1371 den Bischof von

Cambrai und Amiens als Kardinal in die Kurie berufen. Es fragt sich, wann Robert von Genf sich ins Netz der Königin von Neapel verstricken ließ. Auf sein Konto gehen neben Cesena auch weitere Massaker in Oberitalien. Urban nimmt Roberts Huldigungen nicht entgegen. Vielleicht aber hatte er den reuigen Sünder in ihm nicht erkannt. Aufgrund der Ablehnung Urbans empört sich Robert von Genf gegen ihn. Er erklärt Urban für geistig umnachtet und unfähig, zieht sich mit seinen Kardinälen nach Anagni zurück und lässt sich – wen wundert es? – im Königreich von Neapel zum Papst wählen. Fast die gesamte französische Kurie läuft zu ihm über und genießt nun die Aufmerksamkeit der Königin von Neapel, mit der Robert eine enge Freundschaft pflegt.

Eva und die Schlange

Johanna, die Königin von Neapel, lässt ihren bevorzugten Feldherrn Rinaldo Orsini nach Rom marschieren. Auch Rinaldo gehörte zu den Günstlingen Gregors und befehligte zunächst dessen Söldnerheer. Immer wieder hatte Caterina Gregor aufgefordert, die stinkenden Blumen aus dem Garten der Kirche auszureißen und neue einzusetzen. Doch Gregor unternahm nichts. Er hätte sich sofort von Robert von Genf, Rinaldo Orsini und vor allen Dingen von der Königin von Neapel trennen müssen. Er kannte sie jedoch als die ihm vertrauten Personen aus seiner Jugend und konnte daher die Hintergründe nicht erkennen. Auch war er nicht so kantig wie Urban. Der mächtigste Mann seiner Zeit hatte es gewiss schwer, sich in Demut und Liebe zu üben. Die äußeren Umstände machten es nahezu unmöglich.

Urban erkennt die Gefahr, die von Johanna von Anjou ausgeht, und ist entschlossen, ihr Caterina zusammen mit der Tochter der heiligen Brigitta, Katharina von Schweden, entgegenzuschicken, damit diese sie bekehren sollen. Das zeigt die Vermittlungsbemühung des neu gewählten Papstes. Sein Gedanke in Ehren, aber Raimund von Capua ist es, der sich vehement gegen diesen Vorschlag stellt. Katharina von Schweden verweigert dem Papst strickt ihren klösterlichen Gehorsam in dieser Angelegenheit, und nur Caterina selbst will die Gefahr auf sich nehmen, aus Neapel nicht mehr zurückzukehren. Raimund schreitet ein; aus seiner Besorgnis über die Königin von Neapel macht er keinen Hehl. So schreibt er: *„Um meine Kleingläubigkeit zu gestehen: Ich selbst hegte Bedenken, denn wie leicht ist die Ehre einer Jungfrau dahin! Nur schon der Anschein eines solchen Makels genügt, es bedarf keiner wirklichen Verletzung.“* Das also ist die Sorge: nicht, dass sie bei diesem Auftrag ihr Leben verlieren könnte, sondern ihre jungfräuliche Unversehrtheit. Das gehört zum Glauben seiner Zeit, der sich in einem solchen Personen- beziehungsweise Körperkult selbst überholt. Denn der Kirchenvater Augustinus empfiehlt, der Heiligkeit des Geistes vor der Heiligkeit des Leibes den Vorzug zu geben . Aber für Caterina bestand diese Gefahr tatsächlich, denn sie hätte zu ihrer Zeit ihre Glaubhaftigkeit eingebüßt. Und diese galt es ja zu zerstören, viel mehr als ihren Leib. Denn dann gäbe es die Heilige der Päpste nicht, weil man bei einem solchen Schicksal ein Gottesurteil vermutet hätte. Raimund hat die Pläne der Königin also genau durchschaut. Auch andere Gefährten Caterinas sind äußerst beunruhigt über dieses Unternehmen, und man spekuliert, dass die Königin von Neapel ihr auf dem Seewege durch ihre Seeleute auflauern lassen könnte. *„Hätte die Königin nicht auf den Rat irgendeines ihrer Teufelsdiener, von denen es am Hof wimmelte, hören und den beiden gesandten Frauen ihre Schurken entgegenschicken können, die ihnen Übles angetan hätten?“* Seine Einschätzung ist richtig, denn die Meere werden von Johanna von Neapel kontrolliert. *„Ich verbarg dem Papst meine Befürchtungen nicht. Er hörte mich an, überlegte kurz und erwiderte: Du hast recht, es ist besser, sie gehen nicht zu ihr.“*

Und so bleibt Caterina von diesem Auftrag verschont. Nun schickt Johanna von Anjou ihre Truppen gegen Rom. Ihr Befehlshaber Orsini war durch Gregor zu hohen Ehren gekommen, und jetzt dringt er gewaltsam in Rom ein, mit dem Auftrag, keinen Geringeren zu töten als Urban selbst. Die Römer verteidigen tapfer ihren Papst, der in die Engelsburg flüchten muss. Sie werden blutig für ihre Treue zahlen. Orsini lässt viele Bürger Roms auf grausamste Art und Weise hinrichten und führt noch mehr in Gefangenschaft aus der Stadt fort, um mit ihrem Leben die Aufgabe des Papstes zu erzwingen. Dieser jedoch vertraut mehr auf das Gebet der Santa aus Siena, und so kommt es, dass die Gefangenen sich von allein befreien können. Urban schickt seinem Feind das päpstliche Heer entgegen. Bei Marino wird Orsini und damit auch Johanna von Neapel von den Truppen Urbans VI. endgültig geschlagen, sodass Robert von Genf sich ganz nach Avignon zurückziehen muss. Urban greift entschlossen durch. Er lässt die Königin von Neapel absetzen und gefangennehmen. Johanna von Anjou wird im April 1380 von Urban exkommuniziert. Sie wird im Kerker erdrosselt. Caterina stirbt am 29. April 1380. Caterina und Johanna, es war wie ein Kampf der Eva mit der Schlange im Garten des Herrn.

Das Schisma besteht noch, jetzt aber können neue Entwicklungen in Gang kommen, um es zu beenden. Urban stirbt 1389, und 1417 ist das große Schisma zumindest offiziell mit der Wahl Martins V. aufgehoben. Zwar wählt Avignon weiterhin Gegenpäpste, aber unter Vermittlung des französischen Königs Karl VII., der von Jeanne d'Arc beraten wurde, kann das Schisma während seiner Regierungszeit endgültig beendet werden. Der erste Papst einer wiedervereinten Kirche, Calixtus III., rehabilitiert denn auch umgehend Jeanne d'Arc. Caterina stirbt am 29. April 1380 nach langer, qualvoller Krankheit im Alter von dreiunddreißig Jahren in Rom im Kreise ihrer famiglia. Sie wird in der Kirche Santa Maria sopra Minerva in Rom beigesetzt. Das Haupt wird abgetrennt und an Siena übergeben. Am 29. Juni 1461 findet die Heiligsprechung statt. Am 18. Juni 1939 wird sie gemeinsam mit Franz von Assisi zur Patronin Italiens, am 4. Oktober 1970 zur Kirchenlehrerin und am 15. Oktober 1999 zur Patronin Europas erklärt. Die Päpste, so unterschiedlich sie auch sein mögen, halten die Santa aus Siena in den höchsten Ehren. Ihre Statue wacht noch heute über den Petersdom und die Engelsburg in Rom.

Nachruf der Päpste

Auf Caterina trifft das Wort des reformierten Theologen Walter Nigg in ganz besonderem Maße zu: *„Die Heiligen haben sich ihre Gottesnähe erkämpfen* *müssen. Sie fiel ihnen nicht in den Schoß.*" Damit schließt er sich dem Wort aus der Offenbarung des Johannes an: „*Gestürzt wurde der Ankläger unserer Brüder, der sie bei Tag und Nacht vor unserem Gott verklagte. Sie haben ihn besiegt durch das Blut des Lammes und durch ihr Wort und Zeugnis, sie hielten an ihrem Leben nicht fest bis hinein in den Tod.*" (Offb. 12,10.11) Die Päpste unterschiedlichster Epochen stimmen in ihren Aussagen überein. Papst Pius II. äußerte sich über sie: „*Niemand kam zu ihr, der nicht weiser und besser von ihr wieder wegging. Ihre Lehre war eingegossen und nicht erworben. Sie war Lehrerin und nicht Schülerin.*" Ein weiterer Verehrer unter den Päpsten ist Benedikt XIV.: „*Ihre Lehre war vom Feuer der Liebe entflammt.*" Ähnlich vergleicht Johannes Paul II. sie mit dem Dichter Johannes vom Kreuz. Urban VIII. erklärt ihre Stigmatisierung für wahrhaftig. Pius XII. nennt sie „*die Stärkste und Frommste, die Zierde ihres italienischen Vaterlandes und Patronin des Glaubens.*" Johannes XXIII. erklärte: „*Sie war so sehr in die Höhe emporgestiegen, dass das, was sie lehrte, sogar die Weisen mit Bewunderung mit sich riss.*" und Paul VI. verkündet: „*Die heilige Caterina von Siena ist würdig, in die Liste der Kirchenlehrer eingetragen zu werden.*" Und ihr verehrter Babbo, Gregor XI. sagte kurz vor seinem Tod: „*Ich will all das, was sie geschrieben hat und den Inhalt ihrer Bücher lesen.*" Dazu kommt er nicht mehr. Aber vielleicht hatte er dies auch gar nicht nötig , denn er war aus dem gleichen Geist geschöpft wie sie. Ohne Caterina hätte es vielleicht keine Rückkehr der Päpste nach Rom gegeben, ohne Gregor XI. aber auch nicht.

Gregor, alias Pierre Roger de Beaufort, darf bei aller Begeisterung für Caterina nicht vergessen werden. Er war in diesem Spiel die wichtigste Figur. Nennen wir ihn den weißen König auf dem Schachbrett des Herrn, umlagert von schwarzen Läufern und Türmen in seiner Kurie, bewegungsunfähig zwischen den schwarzen und weißen Bauern aus Oberitalien und bedrohlich belauert von der schwarzen Dame aus Neapel. Unter solchen Umständen kann man nur existieren, wenn man seinen Feinden äußerlich zunächst ähnlich bleibt. So mag in seinem Fall das Wort an den Propheten Ezechiel gelten: *„Ich mache dich ihnen gleich, damit du unerkannt bleibst."* Wir brauchen nicht lange zu überlegen, wer die andere wichtige Figur auf diesem Schachbrett war: Caterina hatte die heikle Aufgabe der weißen Dame übernommen. Unentwegt und entschlossen greift sie die Belagerung des Heiligen Stuhls mit der Kraft des ihr verliehenen Geistes an. Selbstlos steht sie mehr als einmal vor dem Papst, bereit, ihr Leben zu geben.

Das, was wir Gregor heute also als Wankelmut vorwerfen wollen, ist nichts anderes als ein Kampf gegen den Mächtigsten dieser Welt. Caterina hat es selbst gesagt: *„Wir stehen nach der Empörung des Menschen gegen Gott unter der Herrschaft der Schlange."* Wer da heraus will, muss Leib und Leben, Krankheit, Tiefschläge und den Spott der anderen riskieren. Wie Paul VI. sagt: *„Das Kreuz ist der untrennbare Begleiter der Heiligen"*, das heißt derer, die Gottes Gegenwart suchen; und die suchte auch Pierre Roger de Beaufort. Gregor hatte einen Feind gegen sich, mit dem es andere gar nicht hätten aufnehmen können. Denn zunächst war da die Verführung, die die Stellvertreter Christi genau wie Jesus selbst erfahren mussten: *„Da führte ihn der Teufel auf einen Berg hinauf und zeigte ihm in einem einzigen Augenblick alle Reiche der Erde. Und er sagte zu ihm: All die Macht und Herrlichkeit dieser Reiche will ich dir geben; denn sie sind mir überlassen, und ich gebe sie, wem ich will. Wenn du dich vor mir* *niederwirfst und mich anbetest, wird alles dir gehören.*" (Lk 4,5-8) Das ist doch genau die Versuchung der Päpste seiner Zeit gewesen, denn die Kirche und die Päpste als deren Oberhaupt standen über allem, über dem Volk, über den Richtern und über den Königen. Sie befanden sich in einer Gefahr, die sie ohne Gottes Geist niemals überwunden hätten. Diese Gefahr besteht aber nicht nur für die damaligen Päpste, sondern für jeden Menschen, der glaubt, keinen anderen mehr über sich zu haben. Die Anbetung des Verderbers beginnt da, wo wir das Vertrauen in uns selbst und die Gerechtigkeit über uns selbst an Gottes Stelle setzen. Das ist der Kampf, den Caterina von außen und Gregor von innen gefochten haben.

Pierre Roger de Beaufort musste zunächst sich selbst und seine Liebe zur weltlichen Macht überwinden, um der Kirche Christi wirklich dienen zu können. Dafür gibt er am Ende vielleicht sogar sein Leben. Auf welche Art und Weise er auch immer zu Tode kam, dieser war ihm von der Gegenseite angedroht worden, und die hat Wort gehalten. Das aber darf nicht erschreckend sein, denn als weißer König auf dem Schachbrett hatte er bereits seinen Sieg errungen. Sein – und kurz darauf auch Caterinas – Fortgang hat mehr mit dem geordneten Rückzug zu tun als mit einem Schicksalsschlag. Sie haben beide ihre Aufgabe erfüllt und vielleicht sollte man ihnen nach dem elenden Kampf mit dem Verführer die ersehnte himmlische Ruhe gönnen. Denn so verstand Caterina ja selbst den Tod eines glaubenden Menschen, als *„Hochzeit der Seele mit ihrem himmlischen Bräutigam"*

Gregor gelingt der Sieg über sich selbst, und damit erringt er einen neuen Anfang für die christliche

Kirche. Er kehrt stellvertretend für die ganze Kirche zurück in den Gehorsam und in die Liebe zu Gott. Dementsprechend mächtig war sein Gegner. Diese Auseinandersetzung um die Kirche Christi fand allein in seinem Inneren statt. Wir nehmen nur wenig davon wahr, außer dass Gregors Verhalten die deutlichen Anzeichen eines solchen Kampfes trägt. Das äußerliche Zeichen seiner großartigen Tat ist die Rückkehr nach Rom. Die Frage, ob Papst Gregor im Guten kam, erübrigt sich, wenn man auf Caterinas Vision vertraut, die sie als Kind in Siena hatte. Darin sprach Christus zu ihr: *„Schaue auf mich, und bewundere den Bräutigam, den Papst, und seine heilige, unermesslich gute Absicht.“* Auch die französische Geschichtsschreibung weiß über ihn zu urteilen: *„Gregor XI. hat den Kirchenstaat gerettet und das Papsttum zurück nach Rom gebracht. Es war eine Tragödie für die ganze Christenheit, dass Gregor XI. so unerwartet und vorzeitig im Vatikan verstarb.“*

Doch sein Tod war nur eine scheinbare Tragödie, denn die tatsächliche Tragödie, nämlich die Abkehr der Päpste von allen christlichen Grundsätzen sowie die Abkehr von den Apostelgräbern, hatte er erfolgreich abgewendet. Zunächst hat man Gregors unermessliches Verdienst auch gewürdigt, bis er in einer immer wieder aufs Neue verdrehten Geschichte schließlich ganz verblasste.

Nennen wir ihn hier also noch einmal bei seinem Namen: *„Novus di virgine forti – Neugeworden durch die starke Jungfrau.“* Damit ist über Caterina und Gregor in einem Satz alles gesagt. Gregor ist neugeworden durch die starke Jungfrau. Man kann genauso gut auch sagen: Er ist neu geboren worden, und mit ihm die Kirche. Caterina hat mit seiner Geburt, die gleichfalls eine Neugeburt der Kirche bedeutet, in unerträglich schmerzhaften Wehen gelegen. Wie es in der Offenbarung des Johannes zu lesen ist: *„Die Frau war schwanger und sie schrie vor Schmerz in den Geburtswehen."* Denn das ist das eigentliche Wunder dieser Zeit: die Geburt einer erneuerten Kirche, auch wenn dies in den Folgeschwierigkeiten nicht sofort erkennbar wird. Wie Kinder müssen die neugeborenen Päpste wieder das Gehen – auf dem rechten Weg – lernen. Caterina gebiert sozusagen einen neugewordenen Papst. Und das ist etwas wahrhaft Göttliches.

Die Päpste von Avignon waren mit ihren Ausschweifungen und ihrer Selbstherrlichkeit längst zu Päpsten des Verderbens geworden. Aber wie es bei Matthäus heißt, wird die Unterwelt versuchen, selbst die Kirche des Petrus zu überwinden, aber es wird nicht gelingen. Caterina gebiert durch Gregors Umkehr eine neue Kirche zurück ins Licht, nichts Geringeres ist dort geschehen. Etwas ganz Vergleichbares findet sich in der Offenbarung des Johannes: *„Der Drache stand vor der Frau, die gebären sollte; er wollte ihr Kind verschlingen, sobald es geboren war. Und sie gebar einen Sohn, der über alle Völker mit eisernem Zepter herrschen wird."* (Offb. 12, 4.5) Mit Gregors Umzug nach Rom kommt der rechte Glaube zurück in die Führer der Kirche und damit in die Kirche selbst.

So darf man Gregors raschen Tod nach seiner Rückkehr nach Rom nicht als Bestätigung der bösartigen Drohung von Avignon betrachten. Gregor hat alles erreicht, wozu er in seinem Amt bestellt war: die Rückkehr der Päpste an das Grab des Petrus und die Umkehr der Kurie vom falschen Weg. Vielleicht wird er von Gott vorzeitig abberufen, um nicht miterleben zu müssen, was danach noch kommt. Ähnliches geschieht auch in der Offenbarung des Johannes. *„Ihr Kind aber wurde sofort zu Gott und bis vor seinen Thron entrückt."* Die Kirche ist neu geboren, ihre Vertreter werden die Gläubigen in Gregors Nachfolge wieder im Heiligen Geist lenken können. Gregors Tod mag daher seine ganz persönliche Erlösung sein von einer ähnlichen Bedrängnis, wie sie die Offenbarung in der Erzählung von der Frau und dem Drachen beschreibt. *„Keine Feder vermag meine Qualen zu beschreiben"*, schreibt er kurz vor seinem Tod. Es ist wie die Entrückung des Kindes vor dem Drachen, der schon mit weit aufgerissenem Maul vor der Gebärenden steht, um ihr Kind, nämlich die Kirche, zu verschlingen. Es gelingt ihm nicht!

Gregor hat das Petrusamt zurück ans Petrusgrab geholt und der Kirche endlich wieder festen Boden unter die Füße gegeben. Denn: *„Tu es petrus – Du bist der Fels. Auf dich will ich meine Kirche bauen"* und: *„Die Mächte der Unterwelt werden sie nicht überwinden."* (Mt. 16,18) Dass dies auch in diesem Falle nicht geschah, war also Gregors und gleichwohl Caterinas Verdienst. So dürfen wir auch heute noch *„des Papstes heilige, unermesslich gute Absicht bewundern"*, wie sie Caterina bereits als Kind angekündigt war. Befreien wir ihn also wieder von seinem unglücklichen Ruf des Zauderers und farblosen Kirchenoberhauptes und nennen ihn wieder einstimmig *Novus di virgine forti* – Neugeworden durch die starke Jungfrau. Diese unerschrockene Frau aus Siena an seiner Seite, die Frau, die in schmerzhaften Wehen mit einer ganzen Kirche lag, haben sich die Päpste zur Patronin gewählt:

Caterina

wurde vom Heiligen Geist
ununterbrochen mit wunderbaren Reichtümern
der Gnade und der Menschlichkeit überschüttet
durch die Gaben der Weisheit,
des Verstandes
und der Wissenschaft

Johannes Paul II.

Dialogus

Gott
sprach in seiner sanftmütigen Wahrheit zu mir:

Liebste Tochter,
du hast mich nach dem Grund der Tränen
und den Früchten, die sie bringen, gefragt.

Zunächst gibt es da die Tränen der Verdammnis,
das sind di*e des weltlich Bösen.*

Als Nächstes gibt es die Tränen der Angst,
geweint von denjenigen, die beginnen,
sich von der Sünde zu lösen
und eine Strafe fürchten.

Dann gibt es die Tränen jener,
die sich von der sündigen Welt gelöst haben
und anfangen, mich zu probieren.
Diese Tränen sind sanft,
und sie beginnen, mir zu dienen.

Danach gibt es die Tränen jener Seelen,
die darauf achten, ihren Nächsten zu lieben
und nicht mehr sich selbst.
Ihr Weinen ist vollkommen.

Das Höchste aber sind die süßen Tränen,
der großartigen, sanftmütigen Liebe.

Und ich kann dir sagen, Tochter,
dass die Seele alle diese Stationen erleben muss,
von den Tränen der Loslösung
über die der Angst und die
der unvollkommenen Liebe
hin zur vollkommenen Liebe
bis zur Gemeinschaft mit mir.

Caterina von Siena, *dialogus*, Kap.V, Art. 88

Zeittafel

1263 Dem Herzog von Anjou wird Unteritalien (Sizilien u. Neapel) vom Papst als Lehen anvertraut.

1285–1314 Regierungszeit des skrupellosen französischen Königs Philipp des Schönen. Papst Bonifaz VIII. versucht sich und das Papsttum aus dem Machtbereich zu befreien. Philipp erzwingt die Absetzung der päpstlichen Legaten und schließlich Bonifaz' Absetzung. Damit war die von französischer Seite seit 50 Jahren umkämpfte Machtzentrale erobert.

1305 Flucht der Päpste nach Avignon in den Schutz der französischen Könige. Verlust der Eigenständigkeit. Der neu gewählte Papst Clemens V. lässt sich nicht mehr in der Apostelstadt, sondern in Lyon, der Begräbnisstadt des Königs Herodes, krönen. Wer nicht im Sinne des französischen Königs funktioniert, wird ausgeschaltet oder denunziert. Das geht so weit, dass die Leiche Bonifaz' wieder ausgegraben wird und er posthum einem Ketzerprozess unerzogen wird.

1314 Der letzte Großmeister der Tempelritter, Jacques de Molay, wird in Paris auf dem Scheiterhaufen verbrannt. Wer das Massaker unter den Templern überlebt hat, ist nach Deutschland oder England geflohen. Das Erbe der Templer fällt Philipp dem Schönen und damit der französischen Krone zu.

1329 Geburt Pierre Rogers de Beaufort in Limoges in Frankreich.

1330	Geburt des Raimund von Capua.
1316–1334	Papst Johannes XXII. residiert in Avignon und erklärt die Stadt zur päpstlichen Residenz.
1337	Ausbruch des Hundertjährigen Krieges zwischen England und Frankreich.
1338–1340	Die längste Sedisvakanz des Heiligen Stuhls. Es entsteht eine durch Nepotismus aufgeblähte Kurie, die ausschließlich aus Franzosen besteht.
1340	Pierre Roger de Beaufort wird von seinen Verwandten zum Kanonikus von Paris bestimmt.
1342–1352	Unter Papst Clemens VI. besteht die Kurie nur noch aus französischen Juristen und gleicht einem feudalen Hof. Er kauft die Provinz Avignon von Johanna von Anjou, die gerade einen ihren vier Gatten ermordet hat. Als Gegenleistung für die Provinz Avignon erteilt Clemens ihr die Absolution. Der Bezug zum Glauben sowie zur Apostelstadt ist verloren. In Oberitalien, das sich an diese Herrschaft nicht mehr gebunden fühlt, wachsen bedrohliche Unruhen gegen die Päpste. Anführer ist Bernabo Visconti.
1347 (?)	Geburt Caterinas di Benincasa in Siena.
1348	Die Pest wütet in Europa. Pierre Roger de Beaufort wird mit neunzehn Jahren von seinem Onkel Clemens VI. zum Kardinal ernannt.
1353 (?)	Caterina hat ihre erste Vision über der Kirche von Siena.
1356	Die Osmanen erobern Gallipolli und damit den gesamten Balkan.

1362–1370 Papst Urban V. entschließt sich, gegen den Druck des französischen Königs und seiner gesamten Kurie nach Rom umzuziehen. Er wird hierin von der hl. Brigitta von Schweden unterstützt.

1362 Caterina schneidet sich die Haare ab, damit sie nicht verheiratet werden kann. Ihre geliebte Schwester Bonaventura stirbt. Konflikt mit dem Elternhaus.

1363 Caterina tritt bei den Mantellatinnen des Dominikanerordens ein. Sie ernährt sich nur noch von Brot und Gemüse.

1364–1368 (?) Caterina schließt sich in ihrer Klosterzelle im Haus ihrer Eltern ein.

1367 Papst Urban V. verlässt Avignon. Er nimmt den jungen Kardinal Pierre Roger de Beaufort mit sich nach Rom.

1368 Urban V. fühlt sich von den italienischen Ständen bedroht und will nach Avignon zurückkehren. Am 22. August stirbt Caterinas leiblicher Vater und Befürworter ihrer Sendung.

1368 Caterina hat ihre Zelle verlassen. Es beginnt sich ihre famiglia zu bilden.

1370 Hungersnot in Siena. Die italienische Universitätsstadt Perugia rebelliert gegen den tyrannischen französischen Legaten des Papstes.

1370 Urban V. kehrt zusammen mit Pierre Roger de Beaufort nach Avignon zurück, entgegen den Warnungen Brigittas. Urban V. stirbt dort sofort nach seiner Rückkehr.

1370 Wahl des erst vierzigjährigen Franzosen Pierre Roger de Beaufort zum Papst. Er nennt sich

Gregor XI. und ist mit dem Herzog und der Herzogin von Neapel persönlich verbunden. Seine Wahl erfolgte, um den Heiligen Stuhl endgültig unter der französischen Krone zu festigen.

1370 Caterina erlebt den mystischen Tod und Herzenstausch.

1372 Erste offizielle Kontaktaufnahme der päpstliche Legaten mit Caterina. Sie kann kaum noch Speisen bei sich behalten und magert ab.

1373 Mit der hl. Brigitta von Schweden stirbt die Ratgeberin der Päpste in Rom.

1373 Caterina schreibt ihren ersten Brief an Bernabo Visconti.

1374 Gregor XI. nimmt persönlich Kontakt mit Caterina auf, indem er ihr den Beichtvater der Brigitta von Schweden schickt. Caterina reist zusammen mit Raimund von Capua und ihrer famiglia nach Florenz.

1374 Pest in Siena. Caterina opfert sich für die Pestkranken in der Toskana auf.

1375 Es bildet sich die antipäpstliche Liga unter der Führung von Florenz. Caterina reist nach Lucca und Pisa. Sie predigt den Kreuzzug gegen die Eroberung der Gebiete der Ostkirchen. Sie warnt die Königin von Ungarn vor der türkischen Gefahr.

1375 Empfang der Stigmata in der Kirche von Pisa. Die Osmanen haben Ungarn erobert.

1375 Enthauptung des Niccolo di Toldo, der sich als Papsttreuer über die neue antipäpstliche Regierung in Siena geäußert hat.

1376	Caterina schreibt an Charles V. von Frankreich, den Krieg mit England zu beenden und fordert ihn zum Kreuzzug gegen das Vordringen der Osmanen auf. Gregor XI. verhängt das Interdikt gegen die italienischen Städte.
1376	Im Juni trifft Caterina persönlich bei Gregor XI. in Avignon ein.
1376	Im September verlässt Gregor XI. Avignon, um den Heiligen Stuhl wieder in Rom anzusiedeln.
1377	Gregor XI. zieht im Januar feierlich in Rom ein.
1377	Caterina gründet im Januar ihr von Gregor genehmigtes eigenes Reformkloster in Belcaro.
1377	Februar, Kardinal Robert von Genf fällt mit seiner Söldnertruppen in der einzigen papsttreuen Stadt Cesena ein und richtet dort ein grausames Massaker an. Gregor verliert alle Glaubwürdigkeit unter den Italienern und den Römern.
1377	Caterina weilt in Rocca d'Orcia und beginnt damit, ihren *Dialogus* zu schreiben.
1378	Gregor XI. entsendet Caterina zur erneuten Friedensverhandlung nach Florenz. Im Juni entgeht sie dort nur knapp dem Tod bei einem Überfall.
1378	Gregor XI. stirbt am 27. März unter mysteriösen Umständen in Rom. An seinem Todestag erlässt er zwei päpstliche Bullen, die Caterina das Leben erleichtern sollen. Er wird in San Franceso im Forum Romanum beigesetzt.
1378	Am 8. April wird Urban VI., ein Italiener, zum Papst gewählt. Die französische Kurie erkennt ihn nicht an.

1378 Im Juli ist der Friede zwischen den italienischen Städten und dem Papst erreicht.

1378 Robert von Genf wird als Clemens VII. im September im Königreich von Neapel zum Gegenpapst gewählt. Das große abendländische Schisma beginnt.

1378 Im November kehrt Caterina nach Rom zurück

1379 Gegenpapst Clemens und Johanna von Neapel schicken ihre Truppen gegen Rom. Johannas Oberbefehlshaber Orsini richtet in Rom ein Blutbad an, ohne den in die Engelsburg geflüchteten Urban VI. töten zu können. Schlacht bei Marino: Clemens VII. muss sich endgültig nach Avignon zurückziehen.

1380 Februar bis April, Caterinas Gesundheitszustand verschlechtert sich.

1380 29. April, Caterina stirbt dreiunddreißigjährig in Rom und wird in Santa Maria sopra Minerva in Rom beigesetzt. Das Haupt wird den Stadtvätern von Siena in Gegenwart ihre Mutter Lapa übergeben.

1385 – 1390 Raimund von Capua schreibt die *Legenda maior*

1399 Raimund stirbt in Nürnberg.

1411–1416 Prozess von Castello.

1431 Jeanne d'Arc stirbt auf dem Scheiterhaufen im englisch besetzten Rouen.

1447 Beendigung des Hundertjährigen Krieges zwischen England und Frankreich durch den französischen König Karl VII., der von Jeanne d'Arc beraten worden war. Karl VII. vermittelt zwischen den beiden Päpsten. Er erkennt als erster König Frankreichs wieder den Papst in Rom als Oberhaupt der Kirche an und entzieht damit dem Schisma, das auf französischem Boden bis dahin gedeihen konnte, jede weitere Grundlage. Damit ist das große abendländische Schisma (eine gewisse Ketzerei unter den Klerikern – wie Caterina es voraussagte) endgültig beendet.

1461 Heiligsprechung der Caterina von Siena.

1939 Proklamation zur Patronin von Italien.

1970 Erhebung zur Kirchenlehrerin.

1999 Proklamation zur Patronin von Europa.

Literaturhinweise

Bedoyère, Michael de la : *Caterina – Die Heilige von Siena.* Freiburg 1955

Caffarani, Tommaso: *Caterina von Siena. Legenda Minor.* Klainhain 2001

Caffarini, Tommaso: *Das Supplementum.* Klainhain 2005

Cassagnes-Brouquet, Sophie: *Sur les pas des Papes d'Avignon.* Rennes 2005

Caterina von Siena: *Sämtliche Brief an die Männer der Kirche.* Klainhain 2005

Caterina von Siena: *Gotteserfahrung und Weg in die Welt. Briefe.* Olten 1980

Caterina von Siena: *Gespräch von Gottes Vorsehung.* Einsiedeln 1993

Catherine of Siena: *The Dialogue.* New Jersey 1980

Doornik, N.G. van: *Caterina von Siena – Eine Frau, die in der Kirche nicht schwieg.* Freiburg 1980.

Ferretti, Lodovico: *Die Heilige Caterina von Siena.* Siena 2004

Hefele, Karl: *Das Unbedingte – Caterina von Siena.* 1953

Helbling, Hanno: *Caterina von Siena – Mystik und Politik.* München 2000

Herkommer, Dr. Agnes: *Die heilige Caterina.* Augsburg 1936

Hilaire, Yves-Marie: *Histoire de la papauté – 2000 ans de mission et de tribulation.* France 2003

Lohrum, Meinolf OP, Maria Magdalena Dörtelmann OP: *Caterina von Siena – Lehrerin der Kirche.* Leipzig 1997

Caterina von Siena: *Briefe an die Päpste.* Leipzig 1965

Caterina von Siena: *Engagiert aus Glauben – Briefe.* Zürich 1999

Kelly, John Norman Davidson: *The Oxford Dictionary of the Popes.* NewYork 1986

Köppli, P. Thomas M. OP: *Briefe der heiligen Caterina von Siena.* Vechta 1931

Leonrad, Olga Freifrau von: *Geistesleben der heiligen Caterina von Siena.* Dülmen 1889

Nigg, Walter: *Die heilige Caterina von Siena. In: Heilige der ungeteilten Christenheit – Dargestellt von Zeugen ihres Lebens.* Düsseldorf 1965

Nigg, Walter: *Caterina von Siena – Die Lehrerin der Kirche.* Freiburg 1980

Padres St. Josefskolleg: *Dominikanisches Geistesleben.* Vechta 1931

Padri Domenicani: *Santa Maria Sopra Minerva.* Roma 2001

Raimund von Capua: *Legenda maior – 33 Jahre für Christus.* Kleinhain 2006

Renouard, Yves: *La Papauté à Avignon.* France 2004

Repges, Walter: *Assisi-Siena-Montecassino. Hier: Katharina von Siena.* Darmstadt 1997

Schimmelpfennig, Bernhard: *Das Papsttum.* Darmstadt 2005

Schlosser, Marianne: *Caterina von Siena.* Augsburg 2006

Schneider, Dr. Roswitha OP: *Begegnung mit der Heiligen von Siena.* Abensberg 1936

Thiebault, Paul R: *Pope Gregory XI.* London 1947

Vette, P. Marianus OP: *Die Sendung der heiligen Caterina von Siena.* Walberberg 1949